U0936055

珍藏本

纪念版

汉译世界学术名著丛书

科西嘉制宪意见书

〔法〕卢梭 著

李平沤 译

商务印书馆
SINCE 1897 The Commercial Press

2017年·北京

Jean-Jacques Rousseau
PROJET DE CONSTITUTION
POUR LA CORSE
1990，flammarion，paris
根据巴黎弗拉玛尼翁出版社 1990 年版译出

卢梭像

汉译世界学术名著丛书
（120年纪念版·珍藏本）
出版说明

2017年2月11日，商务印书馆迎来120岁的生日。120年前，商务印书馆前贤怀揣文化救国的理想，抱持“昌明教育，开启民智”的使命，立足本土，放眼寰宇，以出版为津梁，沟通中西，为中国、为世界提供最富智慧的思想文化成果。无论世事白云苍狗，潮流左右激荡，甚至战火硝烟弥漫，始终践行学术报国之志，无改初心。

迻译世界各国学术名著，即其一端。早在20世纪初年便出版《原富》《天演论》等影响至今的代表性著作，1950年代后更致力于外国哲学和社会科学经典的译介，及至1980年代，辑为“汉译世界学术名著丛书”，汇涓为流，蔚为大观。丛书自1981年开始出版，历时三十余年，迄今已推出七百种，是我国现代出版史上规模最大、最为重要的学术翻译工程。

丛书所选之书，立场观点不囿于一派，学科领域不限于一门，皆为文明开启以来，各时代、各国家、各民族的思想与文化精粹，代表着人类已经到达过的精神境界。丛书系统译介世界学术经典，引领时代思想，为本土原创学术的发展提供丰富的文化滋养，为推动中国现代学术和现代化进程做出了突出的贡献。

为纪念商务印书馆成立120周年，我们整体推出"汉译世界学术名著丛书"120年纪念版的珍藏本，寄望既利于文化积累，又便于研读查考，同时向长期支持丛书出版的译者、编者和读者致以敬意。

两甲子后的今天，商务印书馆又站在了一个新的历史时间节点上。我们不仅要铭记先辈的身影和足迹，更须让我们的步伐充满新的时代精神。这是商务人代代相传的事业，更是与国家和民族的命运始终紧密相连的事业。我们责无旁贷，必须做好我们这代人的传承与创造，让我们的努力和成果不仅凝聚成民族文化的记忆，还能成为后来人可以接续的事业。唯此，才能不负前贤，无愧来者。

商务印书馆编辑部

2017年10月

译者前言

卢梭在《社会契约论》中说他“有某种预感，”科西嘉这个小岛“终有一天将震撼全欧洲。”[①]这位政治著述家何以会有此“预感”？这要从科西嘉的历史谈起。

一、对科西嘉的历史一瞥

科西嘉是地中海西北部一个全境多山的岛屿，面积不大，方圆只有 8680 平方公里。岛上峰峦起伏，古木参天，丛林密布。岛上的居民，在小说家的笔下，性格十分粗犷和慓悍，[②]在史学家的眼里，是一个英雄的民族，为争取民族独立而不怕流血牺牲，虽屡遭侵凌，但抗击外来入侵者的斗争从来没有停止过。[③]

据史料记载，科西嘉先是遭到弗凯亚人的侵略，后来又被罗马帝国占领(公元前 238—前 162 年)；罗马帝国瓦解后，又受制于罗马教廷。公元 9 世纪到 10 世纪中，连续遭到撒拉逊人的掳掠，沿海岸一带的城市和乡村，无一个不被撒拉逊人抢劫一空。1077

① 卢梭：《社会契约论》，李平沤译，商务印书馆 2012 年版，第 2 卷，第 10 章。

② 如法国小说家梅里美的《玛德奥·法尔戈勒》和《柯伦芭》。

③ 参见弗朗西斯·贝雷蒂：《帕斯卡尔·鲍利和 18 世纪科西嘉的真实面貌》。

年，比萨大主教宣布接管科西嘉岛，实行严密的宗教统治；到13世纪末，比萨人的统治遭到了热那亚人的挑战，双方争夺的结果，最后是科西嘉岛于1347年落入热那亚人的手里，从此便被热那亚人统治长达四个世纪之久。到18世纪中叶，岛上燃起了武装起义的烈火，帕斯卡尔·鲍利领导的武装斗争迅速蔓延到了科西嘉全岛，热那亚人的血腥镇压连连失败，不得不求助法国的干预。1768年法国派兵到科西嘉，实行全面占领，并趁热那亚政府国库空虚，面临财政危机之际，于1768年5月18日在凡尔赛与热那亚政府签订条约，以低廉的价格买下了科西嘉岛，把科西嘉并入了法国的版图。人们没有料到的是，这个小岛的归属的变更，后来竟改变了法国大革命的进程和欧洲各国的政治格局，因为在1768年签订《凡尔赛条约》之后的第二年，即1769年8月15日在科西嘉首府阿雅克肖诞生了一个名叫拿破仑·波拿巴的男婴。这个孩子一出世，因为科西嘉并入了法国，他就成了法国人。后来他到巴黎进陆军学校学习，毕业后当上了一名炮兵中尉，在1793年的土伦围城战中，他初露头角，展现了卓越的军事才能。1795年10月，被任命为法国远征意大利方面军的总司令，1798年又率军远征埃及，1799年得到法国国内局势不稳的消息，便赶回巴黎，于1799年11月9日(共和历8年雾月18日)发动政变，当上了督政府的三执政之一，1802年又自封为终身执政，最后于1804年登上皇位，把1789年法国大革命成功之后建立的法兰西共和国又变成了君主国。他雄心勃勃，在海上与陆地同英国人作战，他攻打德国，臣服奥地利，进军俄罗斯；他横扫欧洲，无人能敌，如果不是1815年6月18日滑铁卢一战他吃了大败仗，不知道他还要称霸到何时。人们不禁要问:如果科西嘉不并入法国,拿破仑依然是一个科西嘉人,他能在科西嘉有多大作为?法国大革命的走向又将如何演变?欧洲的历史又将如何重写?这些问题,我们难以回答,只好留待历史学家去研究和讨论。

二、卢梭对科西嘉的赞扬

每一个民族都有其独有的民族性格和民族精神,只要能永远保持这两者,则不论它遭遇到了多么大的磨难,最终都会走出困境,迈上复兴的道路。

在18世纪中叶,亦即美国独立战争爆发之前二十年,科西嘉人的武装起义就已经发展成了有组织的民族解放运动,在帝制时代的旧欧洲形成了反对专制暴政的象征,使欧洲各国的君主十分头疼。

卢梭对这个为自由而战的英雄的民族极其赞赏,在《社会契约论》中从政治哲学家的角度写了如下一段称颂科西嘉人的评语:

> 在欧洲有一个可以为之立法的国家;这个国家是科西嘉岛。这个勇敢的民族在恢复和保卫他们的自由方面所表现的坚韧不拔的气概,值得一个智者去教导他们如何保持他们的自由。我有某种预感:终有一天,这个小岛将震撼全欧洲。[①]

① 卢梭:《社会契约论》,李平沤译,商务印书馆2012年版,第57页。

有一个名叫布达富科的科西嘉籍军官读到了卢梭对科西嘉人的这段评语，深受鼓舞，遂写信给卢梭，请卢梭为科西嘉制定一套政治改革方案，他告诉卢梭：

> “科西嘉差不多就处于你所说的可以进行立法的情况。它迄今还不曾负荷过法律的真正束缚，它不怕被突然的侵略所摧毁，它不需要其他民族的帮助也能过活，它既不富也不穷，它能够自给自足。”

卢梭把布达富科寄给他的材料看了以后，欣然答应了布达富科的要求，为科西嘉人写了一部《科西嘉制宪意见书》。他在《意见书》的序言中说：“科西嘉人现在正处于可以建立一个良好的政治制度的大好时机。”他对这个岛国的人民充满信心。

不幸的是，卢梭当时正在逃亡途中，隐匿在普鲁士王国的莫蒂埃村，条件十分艰苦，只写了一个初稿，而且，从书后的“散记”可以看出，有些论点只零零散散地写在纸上，来不及铺叙成文，便被莫蒂埃村民一阵石头赶出了莫蒂埃，逃到了圣皮埃尔岛，在岛上只住了六个星期，便被伯尔尼当局下令逐出该岛，逃亡到英国后，便与布达富科和鲍利失去了联系。因此，不仅布达富科和鲍利没有见到这份《意见书》，就连负责出版卢梭遗著的迪佩鲁也没有看到，直到卢梭逝世七十多年后，才在他存放在一个女修士家中的几包文稿中发现，于1861年首版问世。

三、值得细心阅读的“序言”

《科西嘉制宪意见书》篇幅不长，正文前面的“序言”尤为简短，不过，短短几百字却把人民与政府的关系以及政府必然产生的弊病的根源和救治的良方阐述得十分精辟。卢梭二百多年前写的这段文字，发人深省，今天读之，亦有其现实意义。

李平沤

2013 年 2 月

于北京惠新里

目　　录

序　　言

你们要我制定一个适合于科西嘉的治理方案；你们的这个要求，等于是要我做一件我难以做到的事。有些国家的人民，无论用什么方法治理，都是治理不好的，因为法律对他们不起作用，而一个没有法律可资遵循的政府，是不可能成为好政府的。不过，科西嘉的情况却与此相反，我觉得，科西嘉人民由于他们的天性纯朴，最适合于接受一套良好的治理办法。但这还不够。任何事物都有它们往往是必然产生的弊病，而政府的弊病是如此地和它们的制度紧密联系的，以致，几乎用不着论证，就可以看出它不久就会往坏的方向发展。

有些人想用一些可使政府保持其原始状态的办法来补救这个缺陷：给它套上千百条锁链，用千百条绊绳把它固定在它往下滑的斜坡上；他们使它如此地左右为难，寸步难行，以致使它在种种桎梏的重压下，被弄得筋疲力尽，无法动弹，即使它不最终垮台，它也是达不到它的目的的。

导致这种状况的原因，是由于人们把两种不可分离的人——治人者与被治者——分离得太远了。这两种人必须按照原始的契约[①]

① 指社会公约。——译者

结合成为一个整体;他们的分离,纯粹是由制度的弊病造成的。

针对这种情况,那些按常规行事的贤者主张首先为人民建立政府,可是我认为,最好是首先为政府培养人民。因为,按照前一种办法,随着政府的败坏,而人民依旧是原先那个样子,两者是互不相干的;反之,按照第二个办法,一切都将同步变化,人民将用自己的力量督促政府前进:人民存在,政府也存在;人民败坏,政府也败坏,在任何时候这两者都是互相联系,齐头并进的。

科西嘉人民现在正处于可以建立一个良好的政治制度的大好时机;他们可以从一开始就采取防止政府蜕化的办法。充满活力的科西嘉人完全可以建立一个充满活力的政府。不过,这个政府也将遇到许多障碍;科西嘉人虽未染上其他民族的恶习,但他们有他们的偏见。要建立一个良好的政府,首先就需要消除这些偏见。

意　见　书

科西嘉岛有利的地理位置和岛上居民的良好天性，看来是可以使他们有合理的希望，有朝一日成为欧洲的一个欣欣向荣的国家，如果他们按照他们设想的政治制度往这方面努力的话。然而，由于四十年连续不断的战争，已经使他们筋疲力尽，岛上的居民十分贫穷，人口稀少，田园荒芜，因此不可能很快建立一个开支浩繁的政府引领他们奔向这个目标。

此外，还有千百种无法克服的障碍，使这个计划难以实行。热那亚人尚占领着科西嘉的一部分海岸并控制着几乎全部海防要地；他们可以轻易摧毁科西嘉人未来的海军。科西嘉人未来的海军在热那亚人和柏柏尔人*的双重威胁下，必须以配有武器的大船才能控制海洋，其费用比科西嘉人从经商贸易中得到的好处还多十倍。在陆上和海上四面八方都如此需要防守的情况下，科西嘉人的处境将如何呢？你们国力衰弱，将完全受他人的摆布，无法和他人订立有利的商贸条约，一切由别人说了算，在险象环生的环

* 柏柏尔人眼下还不至于给科西嘉造成威胁，因为他们知道他们从科西嘉人身上捞不到什么好处。但是，一旦科西嘉人开始对外经商贸易和交换货物，他们就会不断来骚扰，那时候你们就难以应付了。——作者

境中只能得到一点儿别人已经不屑于要的利益，……[①]实际上等于是零，即使你们真地克服了所有这些困难而富强起来，你们的富强本身也将引起你们邻国的贪心，从而对你们本来就不巩固的自由构成威胁，使科西嘉成为大国鲸吞的对象和小国忌妒的眼中钉，时时刻刻都有沦落到万劫不复的奴隶境地的危险。

因此，如果科西嘉人想独立自主的话，他们应当做的第一件事情是使自己无比坚强起来；一个人如果没有任何本事而完全依赖他人，那他将永远不能自由。什么“联盟”呀，“条约”和“人的信念”呀，这一切，全是空谈，只能使弱者受制于强者，而永远不能使强者受制于弱者。所以，让那些强国去谈判他们的，你们要自己依靠自己。勇敢的科西嘉人啊，谁能比你们自己更清楚应当怎样做，才能自己救自己？没有朋友，没有援手，没有钱，没有兵，身处可怕的主人的枷锁之下，只有你们自己能摆脱他们强加在你们身上的锁链。他们联起手来对付你们；欧洲最强大的专制君主把他们的军队像潮水似地开到了你们的岛上[②]，但你们终于战胜了他们；你们的坚强意志起到了金钱所起的一切作用；如果当初你们只顾及你们的那一点儿财产，你们就会失去你们的自由。切不可把其他国家的道路看作是你们国家应走的道路；你们从自己的经验中已经得到了最好的教训，按照这些教训

① 此处原稿脱落数字。——译者

② 热那亚人为了镇压科西嘉人的起义，曾多次请其他国家出兵相助：1730 年到 1733 年，奥地利的查理六世曾派八千士兵到科西嘉；1738 年法国第一次出兵科西嘉进行干预；1745 年和 1746 年，英国人、撒丁人和法国人在科西嘉摆开阵势，互相对峙，形成了奥地利王位继承战争中的第二战场，从而导致法国 1748 年第二次出兵科西嘉，阻止英国占领该岛。——译者

行事,你们就能自己治理自己。

科西嘉人当前的问题,不在于要变得与他们现在的样子完全不同,而在于如何保持现在的样子。科西嘉人在获得自由以后,已经大有进步,行事既谨慎又勇敢,并学会了如何善待邻人,有了某些良好的德行和风尚;他们目前虽没有任何一部法律,但是,如果他们愿意永远如此的话,我看,就没有什么事情可做,听他们如此好了。但是,当促使他们团结起来的危机一过,使他们分裂的小集团就会在他们中间重新产生,那时,他们就不仅不能把他们的力量联合起来保卫他们的独立,而且还将把他们的力量消耗于内部纷争,在敌人来攻击他们时,他们将没有力量自卫。这一点,必须要事先防止。科西嘉人的分裂,一直是他们的主人蓄意造成的,其目的,是为了削弱他们的力量,使他们依附于主人。他们的主人使用的这种伎俩,也使他们产生了一种倾向,动不动就浮躁不安,犯上作乱,甚至连他们自己的首领也难于驾驭他们,因此,必须制定良好的法律,建立新的制度,才能重新恢复被暴政破坏得几乎踪影全无的和谐。受外国主子奴役的科西嘉人一直是伺机而动,从来没有逆来顺受地忍受过奴役的。现在必须让他们开辟一条新的道路,去寻求自由与和平。

我认为,应当作为科西嘉的立法的基本原则是:尽可能发挥科西嘉人自己的力量和尽可能利用科西嘉的资源;努力积蓄自己的力量,依靠自己的力量,而不指望任何一个外国的援助,因为世上从来就没有一个平白无故地援助他人的国家。

现在,让我们从以上的原则出发,制定我们的制度的纲领。

科西嘉在不能靠金钱致富的情况下,就应当靠人的力量致富。来自人口的力量，比来自金钱的力量真实得多，产生的效果也可靠得多。人的双手的使用，是无法隐藏的，总是为了公众的利益而使用的，而金钱的使用就不是这样了。金钱的流通是为了个人的利益，为了达到某一个目的而聚集金钱，为了达到另一个目的又大把大把地花钱。至于人民，他们花钱的目的是为了请人保护他们，但结果却被用来压迫人民。所以，金钱充裕的国家其力量总是很软弱的，而人口兴旺的国家其力量总是很强大的。

要想增加人口，首先就需要增加他们的粮食；而要增加粮食，就需要发展农业。不过，我所说的“发展农业”，它的意思不是指如何精耕细作，不是建立空谈理论的学院，更不是写几本谈论农业的书。我的意思是：必须制定一套办法，使人民遍布于全国各地，在全国各地扎根，在各个地方都努力耕作，热爱乡村生活与田间劳动，感到乡村生活是那样的美和切合人们的需要，以致从此永远不愿离开。

人们兴味盎然地从事农业，这不仅能增产人吃的粮食，有利于人口的繁衍，而且还能使全国人民的素质和风尚大为提高。由于简朴的农村生活可增强人的体质，由于勤于劳作可防止恶习的产生，因此，全国各地的乡村居民必将多于城市的居民。假定一切条件都相等，则品行贞洁的妇女，即那些其情欲少受刺激的妇女，必将比其他妇女生更多的孩子。同理，那些被荒淫无耻的生活（这是生活懒闲的必然结果）弄坏了身子的男人的生殖能力也是远不如那些因热爱劳动而体质强壮的男人的。

农民对土地的依恋，远远胜过城市居民对城市的依恋。乡村生活的平静和简朴，对那些从未经历过其他生活的人有一种魅力，使他们不想改变他们的生活方式。正因为这样，所以他们对他们的处境十分满意，心境非常宁静，热爱自己的祖国，依恋祖国的山河。

由于长期从事田间劳动，因而可培养出优良的军队所需要的那种体格强壮和性格坚忍的人。从城市招募的人，各个都不大听话，而且身体虚弱，不能承受战争的劳苦：一遇长途行军，就会累垮身子；一生病，就会卧床不起；他们互相厮打时蛮有劲，可是一遇敌人就拔腿逃跑。经过训练的民兵是最可靠和最优良的军队；对士兵最好的教育，是教他们热爱劳动。

使一个国家不依赖任何一个其他国家的唯一办法是发展农业。因为，即使你们囊括了全世界的财富，但只要你们没有粮食吃，你们也得依赖他人。你们的邻国可以随心所欲地决定你们的货币的价值，因为他们可以等待，但你们所必需的面包，其价格是无法讨论的；在任何一种商业行为中，总是那个最不急于成交的人说了算的。我当然知道，在一个金融系统中，是必须按照许多其他因素行事的，一切都取决于人们想达到的最终的目的。商业创造财富，而农业能保证自由。

也许有人会说我们最好是商业和农业这两者都同时兼顾；但事实上这两者是互不相容的。这一点，我们在后文还将谈到。他们还说如今到处都有人在耕田种地了。这我同意，不过，这同全国各地都有人在经商一样，全国各地也都或多或少地有人在做黑市交易。这些情况不能表明全国各地的商业和农业都很兴旺。在这里，我不探讨由于事物的必然性而形成的状况，我只探讨由政府的种类和民族的普遍精神[①]而产生的结果。

尽管一个国家的人民采用什么样的政府形式，往往是由偶然的原因促使其采用的，而不是由他们深思熟虑之后选择的，但在每个国家的自然环境和土壤中有许多因素使一种形式的政府比另一种形式的政府更适合于那个国家[②]。每一种政府形式都有一种使它的人民奔向这样或那样目的的特殊力量。

我们所选择的政府形式，它必须一方面花费不多，因为科西嘉人很穷，花不起钱；另一方面它必须注重农业，因为就目前来说，农业是唯一能使科西嘉人挺起胸膛保持其独立的办法。

花钱最少的政府是这样一种政府：它的层次最少，而且不需要按照许多不同的程序行事。一般地说，共和制政府尤其是民主制

① 孟德斯鸠在《论法的精神》中专设一章阐述“普遍精神”。他说：“制约人的因素有这么几种：气候、宗教、法律、政府的施政方针、过去的事物的先例、道德风尚和生活方式；普遍精神就是由这几种因素造成的。在每一个国家中，当这些因素中的某一个因素所起的作用较大时，则其他因素的作用必将随之减少。”（孟德斯鸠：《论法的精神》，第 19 章，第 4 节《普遍精神》）

孟德斯鸠对“普遍精神”的这种解释和他在该章第 5 节（《千万不可改变一个国家的普遍精神》）和第 6 节（《切莫对一切都加以改变》）中阐述的论点，是值得每一个立法者详加研究的。

卢梭对孟德斯鸠的论述深表赞同。他在《社会契约论》中对孟氏的论点做了进一步发挥，他说：“要使一个国家的体制能真正稳固和持久，就必须严格按照实际情况行事，使自然关系和法律永远在每一点上都协同一致，而且可以这样说：法律只不过是在保障、伴随和矫正自然关系。”（卢梭：《社会契约论》，李平沤译，商务印书馆 2012 年版，第 60 页）——译者

② 卢梭在《社会契约论》第 3 卷第 8 章《论没有任何一种政府形式适合于一切国家》中说：“在每一种气候条件下，我们都可以根据自然因素来确定气候的力量迫使人们采取的政府形式，甚至还可以确定它应当有什么样的居民。”（卢梭：《社会契约论》，李平沤译，商务印书馆 2012 年版，第 89 页）——译者

政府就是这种政府。

最注重农业的政府是这样一种政府：它的力量不聚集在一个点上，因此不会出现人口分布不均匀的情形；它让人民平均分布于全国各地。民主制政府就是这种政府。

瑞士对这些原则的应用最为成功。一般地说，瑞士是一个土地贫瘠的穷国；它的政府实行共和制。但在土地较肥沃的州，例如伯尔尼、索勒尔和弗里堡，却实行贵族制。在最穷的州，在收成不好需要多花力气耕作的州，全都实行民主制，政府的收入即使精打细算也只够维持生存，如果实行其他制度的话，不久就会把钱花光，政府就会垮台。

也许有人会说，科西嘉的土地比较肥沃，气候也较为温和，可以承受一个机构庞大的政府。这在从前也许是这样，而如今，在遭受长期的奴役和战乱之后，国家首先需要的是恢复生机。当它使它肥沃的土地全都丰产以后，它才能日渐繁荣，建立一个法纪严明的政府。第一步尝试如果成功了，它往后就可以进行必要的改革。耕种土地，可以培养人的精神：从事农耕的人必将迅速增加；人口的增加将与土地的出产成正比。在土地愈来愈丰收以后，人口的数量最后将变得如此之多，以致它的土地将不足以养活它的人民，这时候，它将不得不向外移民，或者改变它的治理方式。

当国中的居民人数已经饱和，多余的劳动力已无地可耕的时候，就可以把多余的劳动力用来从事工业、商业和艺术。对于这些新兴的事业，是需要另外一种管理办法的。但愿科西嘉未来的新的管理办法可使它很快就能进行必要的改革。不过，如果它还没有它不能养活的多余的人口时，如果岛上还有一些未开垦的土地时，它最好还是坚持以农业为主，到岛上的土地不足以养活人民的时候，才进行改变。

正如我已经说过的，农业是最适合于民主制的，因此，我们应当选择的政府形式是早已确定了的。不过，在实地实施时，由于科西嘉的面积大，因而需要做一些调整。因为，一个纯粹的民主制政府只适合于一个小城市而不适合于一个国家。科西嘉不可能像一个城邦那样把全国人民都集合在一起。当人民把最高权威交给代表们以后，政府的形式就变了，就变成贵族制的了。适合于科西嘉的政府，是混合政府①；在混合政府下，人民可以一部分一部分地集合起来，政府权威的受托者是经常变换的；这一点，那份于1764年在韦斯科瓦多写的《备忘录》的作者②已经讲得很清楚了。那份《备忘录》写得很详细，凡是在我的意见书中没有谈到的地方，都可在那份《备忘录》中找到。

这种形式的政府有两大好处。一个好处是：把政府的行政权只交给少数人；这样，我们就可以从明智的人中挑选这些人。另一个好处是：使国家的成员全都可以参与最高权威的行使，使全体人民处于完全平等的地位，使他们遍布于全岛各地。使全国各地的人口分布均匀，这是我们的制度的基本法则；按照这个法则建立的制度，可以使各地人口的数目保持平衡。单单这一点，就可以使我们的制度达到尽可能完善的程度。如果这个法则好，那么，我们的施政方针就很清楚了，我们的工作就将简单得令人十分吃惊了。

---

① 关于“混合政府”，请参见卢梭：《社会契约论》，第3卷，第7章《论混合政府》。——译者

② 指布达富科。——译者

我们的工作有一部分已经完成;有待精减的政府机构,其数目还没有我们需要清理的陈年旧案多,所以,当务之急不是进行改革而是进行建设。热那亚人煞费心机地为你们制定了一大套制度,以为这样就可以加强他们的暴虐统治,但实际上却使你们获得了自由。他们几乎禁绝了你们的一切商业活动,但幸运的是:你们现在正处于不适合于经商的时候。虽说目前已经可以对外通商,但在你们的体制还没有充分巩固以前,在岛上还没有充足的物资供应你们以前,你们还是以不发展商业为好。热那亚人不允许你们出口粮食,好在你们的优势不在于出口粮食,岛上将出生足以消耗多余粮食的人。

热那亚人为了便于收税和维护秩序而划分的行政区和司法管辖区,对一个不可能把全体人民全都集合在同一个地点的国家来说,正可用来建立民主政治;借助这些行政区和司法管辖区,就可使乡村不依附于城市,容易维护区里的秩序,并可消灭贵族,剥夺他们的特权和头衔,没收大封建领主的采地。由热那亚人去办理这些棘手的事情,这对你们来说,真是太好了;如果不是他们替你们先解决好这些问题的话,你们也许还无法解决哩。你们放心大胆地继续照他们那样做:他们以为你们是在为他们工作,而实际上是他们在为你们工作。你们和热那亚人的目的是大不相同的;热那亚人的目的是在完成任务,而你们的目的是在得到它产生的后果;他们的目的是在降低贵族的地位,而你们的目的是在提升人民的地位。

在我看来,科西嘉人对这一点还没有正确的认识。在他们给我的《备忘录》和他们对《艾克斯拉沙佩勒条约》[1]的抗议书中，他们抱怨热那亚人削弱了或者更正确地说消灭了科西嘉的贵族。这当然令他们感到沮丧，但这并不是坏事；恰恰相反，这是一件好事，没有这件好事，科西嘉人就不可能这样自由。

把一个国家的尊严看作是与国家的某些成员的身份有关，这等于是把影子看作是身躯。当科西嘉王国属于热那亚的时候，侯爵和伯爵这类有头衔的贵族是有用的，他们可以充当科西嘉人民与政府之间的调停人，但是现在，科西嘉人用这类保护者来对付谁呢？这类保护者不但不能保证科西嘉人不受暴政的压迫，反而会窃夺科西嘉人的权利，百般欺凌科西嘉人民，直到最后他们当中的某一个爵爷把其他爵爷都打下去以后，就会把全体科西嘉人变成他一个人的臣民。

贵族可分为两种：依附于君主制的封建贵族和依附于贵族制的政治贵族。前一种贵族有几个等级，有的有头衔，有的没有头衔；从大封建领主直到一般的普通绅士，他们的权利虽然是世袭的，但可以说是个别的，个人的，一个家族的。他们彼此之间是如此的独立和互不相干，以致与国家和主权的行使也毫无关系。相反，第二种贵族是结合成一个不可分割的整体的；其权利属于整体，而不属于整体的成员。这种贵族是政治体中如此重要的一部分，以致没有他们，政治体就不能存在；没有政治体，他们也不能存在。这个整体中的每一个人在身份、特权和权力上是平等的，所以

---

① 《艾克斯拉沙佩勒条约》，1748 年 10 月 18 日法国、普鲁士等国与奥地利为结束奥地利王位继承战争在艾克斯拉沙佩勒（亚琛）签订的条约。按照该条约，科西嘉岛又被重新置于热那亚人的统治之下。——译者

不分等级，统称为贵族。

从科西嘉的旧贵族的头衔以及他们所拥有的采地和近似主权的权利来看，很显然，他们是我们在前面所说的第一种贵族；他们当中，有些人是入侵科西嘉的摩尔人或法国人的后裔，有些人则是教皇强加给科西嘉人的大教士[①]。这类贵族是如此地不赞同民主政府或混合政府，以致连贵族制政府也是不赞同的，因为贵族制只承认贵族整体的权利而不承认个人的权利。在民主制度下，除了美德和自由以外，其他一切都不足为贵；在贵族制下，除了权威之外，便不承认其他的东西是尊贵的。凡是对政治制度无用的东西，都应当一个一个地被排除出政治体；把"侯爵"、"伯爵"这类令普通公民讨厌的头衔送给其他国家的人去使用。你们的体制的基础是平等；一切都要从平等出发，甚至权威的行使也要着眼于维护平等。主权的建立就为的是保卫平等，因为人生来是平等的。国家只对有德行和才能的人以及对祖国有贡献的人颁发荣誉称号；这些称号，同颁发这些称号所依据的资质一样，是不能世袭的。我们在后文即将谈到，在人民中间无论怎样划分等级，都不能以出身和显赫的头衔为依据。

从前已经废除的采地和对领主交纳的年贡及种种封建特权，必须永远废除。至于那些还存在的采地，可由国家出钱赎买，从而使封建领主的种种特权和权利在全科西嘉岛永远消失和被取消。

为了使国家的各个部分尽可能保持类似我们所希望的那种人

① 从格雷古瓦一世教皇起，罗马教廷屡屡干预科西嘉人的政治生活和宗教生活。1091 年乌尔班二世竟任命比萨主教丹贝格为科西嘉的终身主教。——译者

与人之间的平等，我们便应当重新划分各个省、各个行政区和司法管辖区的界限，尽量缩小它们之间的差别。巴斯蒂亚和内比奥一个省的人数就有卡波·科尔索、阿勒里亚、韦基奥港、撒尔特勒、维科、卡尔维和阿尔加里奥拉七个省的人口那么多。阿雅克肖的人口比它四个邻省的人口还多。其实，无须重新划分界限和重新规定它们的管辖范围，只稍加变动就可缩小它们之间的巨大的差异。例如下令废除封建领主的采地，就可以把卡拉里、布朗多和隆扎的采地合并建立一个新的司法管辖区，再加上彼得拉行政区，它管辖的范围就差不多与卡波·科尔索司法管辖区相等了。把伊斯特拉的采地与撒尔特勒省合并在一起，也不能使撒尔特勒省和科尔特省与巴斯蒂亚和内比奥省相等，尽管它减少了一个行政区；不过，若以戈洛河为分界线，它也可以分成两个相当大的司法管辖区。以上只不过是举一个例子来说明我的意思。我对科西嘉的情况还不十分了解，所以不可能提出任何准确的意见。

通过这些小小的变动，科西嘉岛（我假定它已完全自由）就可分成十二个大小大体上相等的司法管辖区，而且在缩小了城市的管辖权以后，还可减轻城市在司法工作上的负担。

在一个按照一定的比例发展商业和艺术的国家里，城市是有用的，但对于我们在前面所讲的那一套办法，则是有害的。按照我们的办法，国中的居民都将成为耕种土地的农民，而不会成为懒汉。由乡村的农民耕地，这比由城里的人耕地好得多。迄今一直困扰着科西嘉的种种坏事，都产生于有些人的懒闲；城里人的那种可笑的傲慢态度，使农民感到十分讨厌。城里人贪图安逸，成天追逐由此种生活方式产生的欲望，生活浪荡，而且，为了过这种浪荡的生活，他们什么可耻的事情都愿意做。他们为了个人的利益，竟甘愿做他人的奴隶，精神萎靡，终日惶惶不安，一切听从他人的摆布，毫无一点自由。城市里的人和乡村里的人的差别，在眼前的战争中，尤其是在科西嘉岛打碎了热那亚人强加在它身上的枷锁以后，表现得尤为突出：发动革命的，是你们的行政区的英勇的人民，他们百折不挠地坚决把革命进行到底；而城里的人各个都唯利是图，为了保有热那亚人让他们享有的几个小小的特权，便出卖了他们的国家，他们卑劣怯懦的行为如今都受到了应有的惩罚，使他们至今依然处于热那亚人的暴政统治之下，而科西嘉人民却光荣地享有他们用鲜血换来的自由。

勤劳的人民切不可贪图城市生活，切不可羡慕城里的懒汉们的悠闲。你们切不可以某些好处鼓励人们迁居城市，因为这些好处对全体人民和民族的自由是有害的；另一方面也千万不可使耕田的人们因出生农村而低人一等。必须使他们知道：只有法律和官员才在他们之上，而他们也可能有朝一日成为官员，如果他们的才能和人品使他们配当官员的话。总而言之一句话，城市和城中的居民以及采地和采地的所有者都不能保有他们独享的特权。科西嘉全岛的人民都享有同样的权利，承担同样的义务，整个科西嘉岛毫无区别地成为人们所说的“共有的土地”[①]。

如果说城市是有害的话，则首府所在的大都会就更有害了。一个大都会就是一个无底洞，它将把人民的善良风俗和遵纪守法

---

① 14世纪中叶，一个名叫达朗多的科西嘉农民领导了一次反对封建领主的起义运动，没收了一部分封建领主的土地，他把这一部分土地称为“共有的土地”。——译者

与勇于任事及热爱自由的精神斫丧得几乎一干二净。有些人以为大城市有利于农业，说它们可以消耗更多的粮食；然而，人们没有看到的是，它们将使国家丧失许多劳动力，因为有些庄稼人想在城中找到一门更好的职业便离开了农村，虽然家业败落的城里人的后裔有的到乡村落户，但也弥补不了乡村失去的劳动力。大都会的周围虽然还有点生气，但它的远郊便是一片荒凉。大都会不断散发的污浊空气，最终必将使人民日趋衰败。

一个政府需要有一个中心，需要有一个把一切都汇集在一处之地。如果让最高的行政机关搬来搬去，没有一个固定的工作之地，那是很不方便的，而让它一个省一个省地巡回办公，那就要把科西嘉分成许多个联邦式的州，每一个州都将轮到自己作联邦政府的所在地；这样一来，机器的运转将十分复杂，各部分的零件就不会紧密联系。科西嘉的面积虽没有大到需要这样划分的程度，但它不能没有一个与各个司法管辖区相互联系的首都；它与各个司法管辖区相联系，但又不使各管辖区的人民都非要到首都才能办事；一切都原地不动。总之，最高政府所在地与其说是京城，不如说它是一个首府。

我们在前面已经把政府需要一个固定的办公之地的道理讲清楚了；根据这个道理，我们就知道它应当选择在哪里为好了。虽然热那亚人依然控制着你们的海防要地，只把科尔特城留给你们，但以此城作为科西嘉政府所在地，其位置之好，并不亚于热那亚人的政府所在地巴斯蒂亚。科尔特地处科西嘉岛的中央，与沿岸各地的距离都差不多相等；它正好在两大部分之间，这边是山，那边也是山，它与两山的距离都一样。它离海甚远，很少有外国人到那里去，因此它的居民迄今仍保有他们纯朴的风俗、正直的人品和民族性格。它的位置在全岛的最高地区，空气特别好，但土地不甚肥沃，山泉几乎都流入了几条河流，这就使它的粮食生产比较困难，不可能使它发展得很大，再加上不允许公职人员的职位是世袭的或终身的，因此可以断定政府的官员只短暂地住在该城，不会使该城染上讲究排场之风；这种作风，虽使政府显得很气派，但对国家是十分有害的。

以上是我对科西嘉岛的地势匆匆研究了一遍之后的初步想法。在详细谈论它的政府的组建之前，首先要探讨一下我们应当做些什么工作和按照什么方针去做：这是在确定它的政府的形式之前必须先做的事情，因为每一种政府形式都有它天然的和特有的精神，政府的形式永远不能背离这种精神。

到现在为止，我们已经尽可能好地平整了科西嘉的土地，现在让我们描绘一下我们需要建立的大厦。我们应当遵循的第一个指针是科西嘉的民族特征。每一个民族都有或者说应当有一个民族特征；如果它没有的话，我们的工作就应当首先从使它有一个特征开始做起。岛国的居民和其他民族不是那么五方杂处的，因此他们的民族特征很明显，尤其是科西嘉人的特征更为明显。虽说在奴役和暴政统治下他们的特征被扭曲得难以识别，但由于他们身处孤岛，所以很容易恢复和保持。

狄奥多尔[①]说：科西嘉全岛多山，林木茂盛，并有几条大河灌溉它的土地。岛上的居民以岛上盛产的奶制品、蜂蜜和肉类为主

① 狄奥多尔(约公元前90—前20年)，古希腊历史学家。——译者

要食品。他们相互之间对公平和为人处世之道的遵循，比其他野蛮人[①]严格得多。谁在山上或树洞里找到了蜂蜜，就归谁有，一点也不担心别人来和他争夺。他们在自己饲养的羊的身上打上记号之后，就放到田野中去牧放，从不看管，因为他们确信能把自己放养的羊一只不少地找到。这种为人处世的正直精神贯穿了他们的一切生活行为。

伟大的历史学家所做的描述很简略而不添加任何一点个人之见，但他们却善于使读者领会他们叙述的每一件事情之所以那样发生的原因[②]。

如果一个国家的人民不是移民而是土生土长的人，则居民的原始性格便是由土地的性质产生的。凡是沟沟坎坎和地势不平与难以耕种之地，它出产供牲畜吃的东西比供人吃的东西多，它的耕地少而牧场多，因此牲畜繁衍，人民过着牧歌式的生活。他们在山上到处转悠，他们的羊群互相混杂在一起。谁在山上找到了蜂蜜，除他打的标记以外，便没有其他表明归他所有的识别物；只有大家都为人真诚，才能确立和保有个人的财产。每个人都必须为人公正，否则，大家都会成为一无所有的人，国家也将因之而消亡。

① 野蛮人，古希腊人和古罗马人把其他一切民族的人都称为“野蛮人”或“蛮族”。——译者

② 读完这段话，令人想起卢梭在《爱弥儿》中对修昔底德的评述，他说：“修昔底德是历史学家当中的一个真正的模范。他叙述史事而不加他的评语，然而他也没有漏掉任何一个有助于我们自己去评判历史的情景。他把他所讲的事实展示在读者的眼前，他自己不仅不插身在事实和读者之间，而且还远远地躲开，这样一来，我们一点也不觉得是在读史书，而好像是亲眼看到了那些事情。”（卢梭：《爱弥儿》，李平沤译，商务印书馆 2007 年版，第 333 页）——译者

山峦起伏，林木一望无边，河川纵横，到处是牧场。这番景象，岂不是与对瑞士的描绘完全相同吗？狄奥多尔对科西嘉人的性格的描述，与从前瑞士人的性格完全是一模一样的：处事公正，存心仁厚，一举一动皆出自真诚。全部差别在于：瑞士人居住的地区比较寒冷，因此耕作比较艰辛，有半年之久几乎无一日不大雪纷纷，所以不得不多准备过冬的粮食。他们在陡峭的山上辛勤耕种，因而身体变得很结实。他们成天劳动，没有时间去追求别的欲望。国中的交通终年都十分困难，当冰天雪地把他们重重围困的时候，每个人都只好待在自己的小木屋里同家人在一起，在家中做一些简单的活计，做一些生活需用的东西。他们人人都是泥瓦工、木工、雕刻工和大车制造工。纵横交错的河流，使他们互相分离，隔水相望，彼此不相往来。到处都是锯木场、炼铁场和磨房；他们掌握了一套利用奔腾的河水驱动水车的技术，既能带动石磨，又可以引水灌溉。他们就是这样在山谷中耕种土地，依靠地里的产物满足他们的需要，生活得十分悠闲而没有任何一点别的奢望。他们的个人利益与需要从来不和他人的利益与需要互相冲突；他们谁也不依靠他人，他们之间亲密无间，友好相处。每一个人口众多的家庭都弥漫着一片和睦宁静的气氛。他们之间除了谈论婚事以外，几乎就没有其他事情需要商议。他们的婚姻只考虑双方的脾气合不合得来，而丝毫不掺杂其他的动机；财富和地位的悬殊，从来不在他们考虑之列。这个虽穷但无需他人援助而完全独立的民族，就是这样生生不息，结合成一个永不败坏的国家的。他们虽无高雅的道德，但也没有什么需要克服的恶习；他们把做好事看作是举手之劳；他们为人善良和正直，而竟然不知道什么叫“善良”和

“正直”。瑞士人民所赖以过勤劳的和独立的生活的这种力量，使他们热爱他们的家园，而且从这种力量中产生了两个足以保卫他们国家的大法宝；这两大法宝是：意志的协调一致和战斗的无上勇气。瑞士人民历来是紧密团结的；他们相互之间谁也不做发号施令的主人，他们几乎没有法律可资遵循；他们周围的那几个君主一再用各种各样的政治手段破坏他们的团结，都没有成功。英勇的瑞士人民有不可动摇的意志，在战斗中冲锋陷阵，一往无前，决心不战胜敌人便战死沙场，不自由就毋宁死：当我们看到他们的这一切表现的时候，就不难想象他们何以会为了保卫国家和独立而创造了那么多奇迹般的勋业了，就不难想象那三个大强国[①]和欧洲最勇猛的军队何以会在侵犯这个英勇的民族的战争中屡遭失败了。这个民族唯其纯朴，所以永远不会中阴谋诡计的圈套；他们行事果断，所以永远不受他人的利诱。科西嘉人啊，如果你们想恢复你们原先的状态的话，这就是你们应当学习的榜样。

不过，这些起初只了解自己和自己的山川与牛羊的粗犷的人民，后来在为自卫而与其他民族战斗的过程中也逐渐了解了其他的民族。他们的胜利，为他们打开了通往邻国的大门。他们英勇善战的威名使其他国家的君王产生了利用他们的念头。各国的君王开始用金钱雇用这支他们无法战胜的军队，以致这些曾经那么勇敢地保卫自由的人后来竟变成了压迫其他民族的帮凶。人们吃惊地发现他们也像从前抵抗各国君王那样勇敢地为各国君王效力，也像从前保卫自己的祖国那样忠实地保卫各国君王。他们为

① 指法国、奥地利和撒瓦公国。——译者

了金钱而不惜出卖自己的人格，他们的一世英名被金钱迅速败坏了。不过，在他们也像从前抵抗各国君王那样忠心耿耿地为各国君王效力的初期，他们并未把自己看作是各国君王的仆从，而是看作各国君王的捍卫者，认为自己不是为了得到君王们的金钱而效力，而是向各国君王提供保护。

他们不知不觉地堕落了，变成了雇佣军。他们愈来愈贪恋金钱，总认为自己太穷。他们看不起自己的生活状况，因而逐渐丧失了这种状况使他们养成的美好品德，以致堕落得像法国人四个苏[①]就可出卖自己那样以五个苏的价格就可去当雇佣军。另外还有一个败坏这个英勇的民族的更深层次的原因。他们孤独和简朴的生活使他们养成了各自为政的性格，一切凭自己的体力行事，每个人都认为自己是自己的主人。但由于大家都有同样的利益和同样的爱好，所以容易联合起来做同样的事情。他们的生活单调，长年累月都按一定的法则行事，可是后来由于同其他民族频频往来，他们便逐渐喜欢上了他们本该害怕的东西，十分羡慕他们本该鄙视的东西。他们的那些抱有野心的首领们使他们逐渐改变了行事的准则，以为要更好地统治人民，便应当使人民有一些必须依赖他人才能满足的爱好，于是开始在他们当中兴起了商业，出现了工艺品和奢侈品。这样一来，便使人们由于职业和生活的需要而必须仰仗政府的权威，愈来愈依附于那些比他们在原始状态下所依附的人更严厉控制他们的官员。

在瑞士，人们是从金钱开始在瑞士流通以后才感到“穷”的。

① 苏，法国旧时的一种辅币。——译者

金钱使人与人之间在财富的聚集和获取方面产生了不平等的现象。除了那些一无所有的人以外，其他的人都把金钱当作是获取财富的一大工具。从事商业和制造业的人愈来愈多；手工业的发达使农村失去了大量的劳动力。人口分布不均的现象愈来愈严重；人口大多集中于位置较好和挣钱比较容易的地区。有些人离开了他们的家乡之地，而另一些人变成了只消耗粮食而不生产的无用之人；孩子们变成了沉重的负担。到农村落户的人明显地减少了，而迁居城市的人明显地增多；农业愈来愈被忽视，沉重的生活需要使瑞士不得不从外国进口粮食，不得不愈来愈依靠邻国。懒闲的生活导致人品的堕落，使寄食富豪和权贵的人成倍地增加。人们心中对祖国的爱已完全消失，代之而起的是对金钱的崇拜。使人的心灵产生激情的源泉已经枯竭，因而行动既不果断，意志也不坚强。从前是贫穷的瑞士人使法国人望而生畏，而如今是富有的瑞士人一见法国的大臣稍皱眉头便吓得全身发抖。

以上所说，对科西嘉人来说是一大教训。现在让我们来研究从这一教训中可以得到些什么启示。科西嘉人现在还保持了他们原先的美德，这就大有利于我们的制宪工作的进行。科西嘉人在奴役生活中也沾染了许多必须加以纠正的恶习；在这些恶习中，有些是可以随着产生这些恶习的原因的消失而自行消失的，而另外一些恶习是需要一个相反的原因把使它们得以产生的欲望彻底根除之后才能纠正的。

人们说他们脾气暴躁，难以驾驭。我把人们所说的他们的这种脾气列为第一类。人们还指摘他们反抗官府。他们从来没有被公正地对待过，怎么能怪他们反抗官府呢？那些不断挑动他们互为仇敌的人应当知道：这种仇恨心迟早会反过来发泄在那些制造仇恨的人的身上。

我把使他们遭人憎恨的喜欢偷盗和动不动就行凶杀人的恶行列为第二类。产生这两种恶行的根源是游手好闲的生活方式和官府对凶杀案不仅不惩处反而暗中纵容的恶劣做法。前一种恶行无需论证，大家都很明白；而后一种恶行的产生，是由于科西嘉人对于家族之间的仇恨总抱有一种有仇必报的狭隘心理。家仇的产生，往往是由于平日里爱说长道短和说人闲话而引起的；他们对闲言碎语太认真，闷在肚子里越闷越憋气，于是在杀了人可逍遥法外、不受惩处的坏风气的怂恿下，便大动杀机。

如果一个政府眼见它治下的穷苦的人民互相残杀，不仅不阻止，反而暗中百般怂恿，对于这样的政府，谁不痛恨呢？在这样的政府治理下，凶手可以逍遥法外，不受惩处，可以向官府花钱把案子一笔勾销，政府公然把凶手交纳的命案撤销金作为国家的财源之一；①科西嘉人要想使自己的家园免遭抢劫，就要向政府交纳一笔款子，才能领到一张携带武器许可证。②

热那亚人自吹自擂地说他们已经采取了发展岛上农业的措施；科西嘉人似乎也赞同他们的说法，而我，我却不这么认为，我认

① 这段话，卢梭是根据布达富科写的《科西嘉简史》而写的。布达富科在这份《简史》中说："国家对一件人命官司的审理，要向案犯收取一大笔钱，……对被指控犯了命案的家庭要收取四个苏，一个人如果想干掉他的仇敌，只需向政府预交一笔钱，就可拿到一张免予追究的文书，不受惩处。"（卢梭：《通信全集》，第3卷，第1729页）——译者

② 据史料记载，关于个人携带武器的问题，科西嘉人曾多次与热那亚人商谈，后来，因为防备海盗的掳掠，热那亚人终于答应科西嘉人交纳一笔税金，方可领到一张武器携带证。——译者

为他们的说法不符合实际。表面上成功而实际上是非常糟糕的结果，证明他们采取的措施是很不好的。在政策层面上，热那亚当局不仅不努力于增加岛上人口的数目，反而公开纵容科西嘉人互相残杀；他们不仅不让科西嘉人过舒适的生活，反而横征暴敛，使岛上的居民陷于破产，甚至还坚持征收人头税，对食品的销售和运输也要收税，并禁止向岛外出口粮食。不仅如此，他们还想方设法把人头税提高到使人不堪重负的程度，使科西嘉人永远处于贫困的境地，可以说是把科西嘉人禁锢在他们的土地上了：不许科西嘉人经商，不许科西嘉人从事工艺和收入丰厚的职业；不让科西嘉人受教育和发家致富。此外，热那亚人还垄断粮食的收购和销售，使科西嘉人的粮食只能以最低的价钱出售；他们想方设法搜刮岛上的金钱，使岛上的居民几乎手无分文，而且没有任何办法获得一个铜钱。热那亚人的暴政所采用的手段，极其巧妙，表面上好像是在鼓励农耕，实际上是在毁灭科西嘉人民，使科西嘉人变成一大群生活极其悲惨的农民。

这样下去，将产生怎样的后果呢？产生的后果是：失去希望的科西嘉人抛弃了那种不可能带来收益的农活：他们宁可什么事情也不做，也不愿意白白辛苦而无收获。原本勤劳朴实的人们现在变成了成天无所事事的懒人，还沾染了许多恶习。由于不能用粮食去卖钱来交人头税，科西嘉人只好去偷钱来交，只好丢下手中的犁铧，去当拦路抢劫的强人。

但愿科西嘉人回过头来再过那种以劳动为乐的生活，而不要像匪徒那样在岛上到处流窜；但愿他们平平静静地待在自己家中，安安稳稳地过日子，而不要互相说长道短，挑动是非[①]！只要辛勤劳动，他们就会拥有全家人的生活所需要的东西！有了一切生活必需品，就不会像现在这样去弄现金来交苛捐杂税和人头税，也不会去追求那些花里胡哨的饰物和奢侈品；这些东西，不仅无助于那些炫耀富有的人的幸福，反而会招惹他人的嫉妒和憎恨。

人们是一眼就可看出我们所说的这些办法的好处的；不过，单单看出和认识到，这还不够，还需要使大家非常喜欢这套办法，并付之实行，以从事这些工作为极大的乐趣和生活幸福的源泉，而不去奢求其他的东西和妄想成为富豪。

为了实现这一点，我认为，再也没有任何其他办法比我在下面所说的两个办法更可靠和更见效快的了。这两个办法，一个是使科西嘉人热爱田间劳动，以耕种土地中得到他们的尊严和权利；另一个办法是使为人父者依恋他们的家庭，用家庭的纽带来加强对土地的依恋。

我认为，顺着这条思路，按照我们从事物的性质归纳出的基本法则，把全体科西嘉人分为三级，这三个级虽不平等，但是是个人与个人之间资质的不平等，而不是由我们主张废除的封建制度所产生的种族与居住地区的不平等。这三个级如下：

第一级是公民；

① 18世纪的科西嘉，在热那亚人的严酷统治下，人民的生活已陷入极端的贫困，再加上不同的家族之间几代人的恩恩怨怨引起的互相仇杀不断发生，以致许多人不得不逃离自己的家园，躲到深山密林去东流西窜，沦为盗匪，以抢劫为生，因此，卢梭在这里告诫科西嘉人今后再也不要"像匪徒那样在岛上到处流窜，"也不要"互相说长道短，挑动是非。"——译者

第二级是国民；

第三级是后备生。

我们在下面即将谈到按照什么条件把每一个科西嘉人编入哪一级和享受哪些权利。

这里所划分的级，当然不是按划分时每个人交纳的某种税金或人口调查登记的名册划分之后就永久不变的；它应当随着时间的推移而不断自行变更。在划分之后，应做的第一件事情是：凡年满二十周岁和二十周岁以上的科西嘉人都应进行庄严的宣誓，所有宣过誓的科西嘉人无一例外地都应编入公民的行列。让所有这些为国家的解放事业流过血的英勇的男人优先享受这种权利和优先享受为国家争取的自由，是完全理所应当的。

从结合成共同体和庄严宣誓之日起，所有出生在科西嘉岛的人，在成年以前，都编入后备生行列，直到符合下列条件之后，才依次升入其他两级。

所有的后备生，在按照法律结婚之后，如果在妻子的嫁妆之外，还拥有自己名下的产业的话，便可升入国民这一级。

所有已婚的国民或有两个活着的孩子和一处住房及一块足以养活其家人的土地的鳏夫，都可升入公民这一级。

完成了开头这一步工作之后，虽可使土地受到人们的重视，但是，如果不消除科西嘉人把金钱看作是必需之物的心理，就不可能使他们重视农业，因为在热那亚人的统治下，科西嘉人无论做什么事情都必须用金钱才能完成，这就是他们为什么因缺少金钱便陷于贫困，从而把金钱看作是必须拥有之物的原因。肯定无疑的是：哪里的金钱成为第一需要之物，哪里的人民就会放弃农业，转而去从事能挣钱的工作。在这种情况下，一个庄稼人面临的选择：不是像商品或货物那样出售自己，被大农场主雇用去种地，便是万般无奈地和大多数农民一起过一辈子穷苦的生活。那些因经营商业或从事工艺生产而富起来的人，在赚够了钱之后，便把他们的钱用去买田置地，雇人替他们耕种，这样下去，全国人民就会分化成终日坐享其成的有土地的富人和辛勤耕地但到头来却没有饭吃的可怜的农民。

当金钱愈成为个人必需之物的时候，对政府来说，金钱就更是必需之物了；因此，商业愈繁荣，税金便愈重，而为了交税，种地的农民如果不把地里的产品拿去出售，便没有交税的钱。他们虽有小麦、酒和油，那也没有用，他们必须要有金钱，用现金交税才行；他们必须把地里的产品拿到城里去卖，换成现金；他们成了小商小贩，成了奸商；他们在生意场中培养起来的孩子，品行愈来愈不端正，愈来愈留恋城市，对自己原本的身份再也不感兴趣，宁肯去当水手或士兵，也不愿再从事他们父辈从事的农业。这样下去，农村的人口必将日益减少，城里就会到处充斥流民，粮食也将越来越短缺；个别人富起来了，大众却愈来愈贫困：这两种情况加在一起，必然会导致万恶丛生，使国家遭到毁灭。

我发现，所有一切商业活动都会对农业起破坏作用；这一点，我是看得如此之清楚，以致我敢说：连农产品的买卖也是对农业不利的。为了使农业能在商业活动中立于不败之地，就应当使商人的利益和农民的利益保持平衡；然而这是做不到的，因为前者的买进和卖出是自由的，而后者的销售是被强行规定了的：一切都由前者说了算，后者只能按前者说的办。切不可让这种破坏平衡的现象永久不变地持续下去。

切莫以为科西嘉岛上的金钱多了，科西嘉人就会富起来。对其他国家的人民来说，也是如此。一个国家，无论是就它的对外关系来说，还是就它本身而言，都是不会因为金钱多一点或少一点，人民便更富一点或穷一点，何况由于金钱流通的速度有时快有时慢，所以其结果都是一样的。金钱不仅是一种表示财富的象征，而且是一种表示对比关系的标记；只有通过它的多寡之间的差别，才能显示它表明贫富悬殊的真正效果。假定在科西嘉岛上，每一个人都只有10埃居[①]或每一个人都有10万埃居，在这种情况下，大家的境况都是一样的，谁也不比谁富，谁也不比谁穷；唯一的差别是，如果每个人都有10万埃居的话，如何使用那么多金钱，反而感到很麻烦了。如果科西嘉人需要同外国人做生意，他们当然就需要用金钱了，然而由于他们完全能自给自足，所以是不需要同外国人做生意的。由于在科西嘉金钱只能作为显示财富不平等的象征，所以岛上的金钱愈少，人们反而感到大家都很富裕。

我们要研究一下：用金钱办的事，可不可以不用金钱也能办理？如果可以的话，现在就让我们针对我们的目的，把这两种方法加以比较。

事实证明，即使在许多土地被荒废的情况下，科西嘉岛本身也是能够养活岛上的居民的。尽管在36年的战争中，科西嘉人手执武器打仗的时候多于手执犁头耕地的时候，但他们也没有靠任何一条运载粮食的船运粮食来供他们食用。除了粮食自足以外，凡

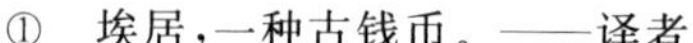

① 埃居，一种古钱币。——译者

是能使他们过幸福生活所必需的东西，他们一样也不缺，没有一样需要借助外援。岛上有织呢绒用的羊毛，有制麻布和绳子用的亚麻和大麻，有做鞋子用的皮革，有造船用的木头，有铁匠用的铁，有制造家用器皿和小铜币用的铜，有食盐；阿勒里亚盐场，即使在热那亚人花了那么多力气和费用也没有建造完美的情况下，所产的盐也足够大家食用，如果科西嘉人把它建造完美了，它所产的盐，也许还会远远超过大家的需要。科西嘉人，除了购买无用的奢侈品以外，其他物品完全可以与外国进行以物易物，用货品交换的方式做生意，这样，金钱在商贸活动中就不是非有不可的东西了，何况科西嘉人本来寻求的是商品，而不是金钱；由此可见，在国与国的商贸活动中，金钱也不是科西嘉人非用不可之物。

科西嘉岛的面积相当大，岛上群山横亘，许多大河都不通舟楫；不过，尽管各地区之间交通不便，人民甚少往来，但由于各地的产品互不相同，因此，生活的需要使他们彼此都要互相依赖：几乎只生产酒的科西嘉岬角省，就需要巴拉尼亚省供给它小麦和油；地处高原的科尔特出产小麦，但其他物品都缺；位于另一端的博尼法乔，遍地岩石嶙峋，什么都不出产，什么都需要他省供给。如果能制订一个计划，把科西嘉人均匀地分布在岛上，[①]则岛上的粮食就需要向各地区运转，这个省和另一个省的交易也容易进行，这样一来，岛上的商贸市场就繁荣起来了。

---

① 这个计划，卢梭早在《社会契约论》中就提到过了；他说："让人民均匀地分布在全国各地，让他们在全国各地都享受同样的权利和富足的生活。这样做，国家就可发展得最强盛并治理得尽可能好。"（卢梭：《社会契约论》，李平沤译，商务印书馆 2012 年版，第 103 页）——译者

我这个话，有两层意思；一层意思是，在政府的协调下，这种商贸活动大部分都应采用以物易物的方式进行；另一层意思是，通过政府的协调和我们的计划的实施，这样的商贸活动和以物易物的方式自然会一天比一天减少，直到最后，只有很少数的物品采用这种方式。①

大家都知道，在热那亚人已经使科西嘉人处于山穷水尽极端贫困的情况下，金钱还依然是一天天流出岛外，而从来不流入，以致到后来，岛上的钱币变得如此的稀少，在有几个地区的市面上根本就见不到钱币，无论是买东西还是卖东西，都只能以物易物。

科西嘉人在他们的文献中也记述了他们的这种苦楚；他们的怨声载道，是有理由的，因为他们需要用现金去交人头税；没有现金交税的可怜的科西嘉人，要遭到逮捕和判刑，因此只好把日常需用的家具和衣服等物都拿去变卖，但卖得的钱还不到原价的十分之一。由于手中没有现金，用变卖家什和衣服等物得到的钱交税，这种做法的结果，使科西嘉人的负担增加了十倍。

反之，采用我们所说的这套方法，科西嘉人就不会非用现金去交税不可了，这样一来，现金的缺乏就不会成为穷苦的根由，因此

---

① 这层意思，卢梭已经在他的《新爱洛伊丝》中借沃尔玛夫妇之口说过了："我们家庭富裕的秘诀是，钱不必太多，但在财产的使用上，尽可能在生产和消费之间避免中间交换；每交换一次，就必然有一次损失；损失的次数一多，就把相当多的财力和物力化为乌有了，如同一个漂亮的金匣子，经过几次交换，就变成一个铜匣子了。我们收获的东西，就在此地使用，所以用不着运输；我们所消费的东西都是自己生产的，这就避免了交换。当我们要把我们过多的东西拿去换成我们缺少的东西时，我们并不先把东西拿去卖成钱，然后用钱去买，因为这样会造成加倍的损失；我们采用以物易物的办法，这样，彼此都感到很方便，对双方都有利。"（卢梭：《新爱洛伊丝》，李平沤、何三雅译，商务印书馆《卢梭全集》2012 年版，第 9 卷，第 189 页）——译者

也就用不着想方设法去弄钱;用以物易物的办法,就可省去用实物去变成钱这一中间环节的损失:这样,即使身上一个铜子也没有,也能生活得很舒适。

我发现,由于热那亚政府千方百计地禁止和阻挠科西嘉人把粮食从这个省运到另一个省去销售,所以,各省的乡镇都建造了许多粮仓、酒窖和油房,等待时机许可,就把粮食运到省外去卖,不过,这个办法很容易让热那亚政府的官员找个冠冕堂皇的理由,把粮食抓在他们手里,由他们去杀价统销。其实,由乡镇建造粮仓的办法并不新鲜,是早已有之的,是很容易做到的,是可以为公众及个人提供一个以物易物的简便渠道而不会让大家感到不便的。

我认为,即使不修建粮仓或库房,人们也是有办法解决困难的,例如在每个行政区或每个省的首府设立一个办公室,置备一个两栏式的登记簿,让每个人每年在一栏登记他多余的食品的种类和数量,在另一栏登记他缺少的食品的种类和数量,然后把登记的种类和数量逐省逐省地加以比较和调剂,就可以极其清楚地评定食品的价格和调剂的数量,使每一个地区的居民消耗他们多余的东西和得到他们需要的东西,不仅能做到在数量上不多也不少,而且能使每个省的粮食好像正好是按照它的需要量来生产的。

以上所说,通过以下两个办法就能在不用金钱的情况下非常准确地实现。这两个办法,一个是以物易物,即:以某种最常见的货币(如法国的皮斯托尔)作尺度来估计不同货物的价值,然后按估计的价值进行交换;另一个办法是,用某种可以按数目计数的实物作货币,如希腊人用牛作货币,罗马人用羊作货币,定一个平均价,因为牛和羊都有一个大小不等的问题,这头牛也许比另一头牛值的钱多一点或少一点，这只羊也许比另一只羊值的钱多一点或少一点，其间的差额用最常见的货币来估算是很容易估算出来的，何况此种最常见的货币是只当作尺度而不出现在现场。①

只要科西嘉人坚持这样做，食品的产销就会保持平衡，以物易物的交易就会完全视粮食是丰收还是歉收以及运输是便利还是不便利而有序地进行，而且时时和处处都能做到适当调剂，岛上各种物品的生产也会平均分布，自动随着人口的增减而增减。此外，我还要指出，在这种情况下，政府也可毫无困难地管理食品的运输和交换，使它们保持平衡，因为，只要食品的交易用以物易物的方式进行，官员们就不可能从中渔利，甚至不会产生从中渔利的企图，而用金钱来买卖粮食，就会打开种种敲诈勒索的大门，让当权的人玩弄种种诡计，垄断市场的交易。

不言而喻，我们的办法在开始实行的时候是肯定会遇到许多困难和障碍的；事实上，由于一切新办法都是同陈规陋习相矛盾的，所以它们遇到的困难和障碍是不可避免的。我认为，只要我们坚持实行我们的办法，就不仅每年都会通过实践和经验而使我们的办法愈来愈完善，而且还会由于需要交换的货物的种类和数量

① 关于以物易物和用货币作衡量尺度的问题，卢梭在《爱弥儿》第3卷中有这样一段论述："任何东西都可以作为货币。从前，牲畜做过货币，有几个民族现在还用贝壳做货币，斯巴达人用铁做货币，在瑞典曾经用皮革做货币，而我们则用金银做货币。……要直接把性质不同的物品拿来比较，是很困难的，例如说布匹和麦子就很难比较，但是，当我们找到了像货币这样的共同尺度，织布的人和种麦子的人就容易按这个共同的尺度说出他们希望交换的物品的价值了。如果一定数量的布值一定数量的钱，而一定数量的麦子也值同样的钱，那么，拿布来交换麦子的人就做了一项公平的交易。因此，通过货币，各种各样的东西才能用同一个单位的尺度来衡量，才能互相比较。"（卢梭：《爱弥儿》，李平沤译，商务印书馆2012年版，第253页）——译者

的愈来愈少而使我们的办法变得愈来愈容易实行,最后使需要交换的货物的种类和数量继续减少到最少的程度:这一点,正是我们追求的终极目的。

让每个人都能安稳地生活,谁也不暴富,这是使国家昌盛的基本法则;我所提出的办法,是可以尽可能直接达到这个目的的。

切莫为了商业的目的而生产过多的食品,也不可把多余的食品拿去变卖成钱,必需按需要的数量来生产粮食;一个人只要能随时都有他需要的东西,他就不会产生非要有多余的东西不可的念头的。

只要不需要把地里的产品拿去变卖成钱,则各省土地的耕种就会逐渐按计划安排,甚至每一个村也会按照该省总的需要和农民个人的需要而生产,每个人都将尽量依靠自己的土地,自己生产自己所需要的东西,无需进行交换也能满足自己的需要,①因为物品的交换总是不那么准确和方便的,尽管它们已经是相当便利了。

在每一块土地上种植最适合于它生长的作物,它无疑是一个好办法。用这个办法耕种土地,比用任何其他办法都可使一个地方生产更多的产品。不过,尽管这个办法很好,但也只不过是次要

① 卢梭的这段论述,在他的《新爱洛伊丝》第五卷中借圣普乐之口说得更详细:"这个家庭的治理情况,我都详细观察过了,我发现[……]刺绣品和花边都是家中的妇女们自己制作的。所有的布,都是由他们雇贫家妇女到家中纺织的。他们把剪下的羊毛送到毛纺作坊去换呢绒来给大家做衣服。酒、油和面包,是自己家里制作的。他们林中的树木,有计划地砍伐,用多少才砍多少。用家畜到屠户那里去换肉,用小麦和杂货商交换日用品,[……]因此,他们的收入和消费自然而然地始终保持平衡;这个平衡,不能打破;谁想打乱计划,也是打乱不了的。"(卢梭:《新爱洛伊丝》,李平沤译,《卢梭全集》,商务印书馆 2012 年版,第 9 卷,第 192—193 页)——译者

的，因为，最好的办法是：让土地的产量少一点，而居民的分布更恰当一点。在人员的流动和物品的交换过程中，全国各地都不可能不产生许多有害的弊病。在作物的选择上即使有某些不当之处，但可以通过精耕细作来弥补；宁可出现选种作物不当的情形，也不可出现人力使用不当的情形。好在每一个农民都是知道在他的土地上选种什么作物的，每一个省和每一个乡镇也是知道在它的地区选用什么办法为公众谋福祉的。这一点，我们在后文还将谈到。

我发现，有些人担心这样做将产生一个与我预期的效果相反的效果，不但不会鼓励农民耕作，而且相反，还会挫伤他们的积极性，不让农民拿他们的粮食去卖成钱，他们就会缺乏种地的热情，就会吃多少，种多少，绝不多种一分地，生产的东西能满足他们的衣食需要就行了，闲置的土地就任其撂荒，不去耕种。人们的这种担心，是根据他们在热那亚政府统治下的经验而产生的，因为那时候，热那亚政府禁止把粮食运出岛外销售，所以农民都不愿意多种多收。

因此，我们必须着重指出：由于科西嘉是在热那亚政府统治下，金钱才变成了第一需要，变成了劳动生产的直接目的，所以，凡是不能挣到钱的工作，就没有人愿意干；备受欺凌和贫穷之苦的农民，眼见他们的处境已经坏到难以言状的地步，既然得不到他们需要的东西，便只好另谋出路，甚或从此就灰心丧气，坠入堕落的深渊。反之，在我们的方法治理下，情况就完全不同；我们的方法能保证人人都可过上中等水平的舒适生活，以崇尚简朴而赢得大家的尊重。在我们的方法治理下，生活必需品，应有尽有，一样也不缺，而且还无需把地里的产品拿去变卖成钱来交税，各种产品都可作为纳税的税金;人们一过上了这种生活,就不会再去妄想什么更美好的生活境遇了。处在这种状态下的人们都将感到没有任何事情是他们的能力办不到的,所以个个都很自信,都想打开一条建功立业的道路,像早期的罗马人那样建立殊勋。处于这种状态下的人们,凡事都奋勇争先,争取比别人做得更好,争取生产更多的产品,对国家交更多的捐税,争取在选举中赢得人民的选票。每个丰衣足食的家庭都以自己的家长治家有方为荣,他们唯一的奢望就是有一个好收成,以好的收成来证明自己出色的成绩。只要人们的心永远处于这种状态,在我们的方法治理下,就不会出现游手好闲的懒人。

凡是每个省、每个县和每个乡镇的官员及每个家庭的家长无需他人的帮助,就能自行解决的问题,科西嘉政府也可无需邻国人民的帮助,就能自行解决。

只要对一定年数从岛外进口的商品做一个精确的统计,就可准确推知哪些商品本来就是无需从岛外进口的,因为人们之崇尚奢侈和某些商品之过剩,这一现象产生的原因,不是现在的局面造成的。只要对岛上现在的出产和将来的出产仔细研究一下,就可发现必须从外国进口的物品是可以减少到只需进口很少几种物品的。这一点,是有充分的事实证明的:在 1735 年和 1736 年被热那亚舰队封锁期间,尽管科西嘉岛与大陆的联系完全断绝,但岛上不仅不缺少食物,而且也没有任何一样需要的东西是缺少到没有办法解决的。岛上最缺乏的是军火、皮革和做灯芯用的棉花,然而人们用某些芦苇茎的髓质来代替棉花,问题就解决了嘛。

何况在需要进口的少量物品中,有些东西岛上现在虽然不能生产,但将来可以通过有计划地种植和改良工艺便能自己生产。人们愈是限制那些制造花里胡哨的无用之物的作坊的扩大,人们便会愈来愈支持那些对农业和日常生活有用的工艺的发展。我们不需要雕刻匠和金银匠,我们需要的是木工和铁匠;我们缺少的是织布工人和毛纺工人,而不是绣花工人和金匠。

我们首先应当从拥有足够的原料开始做起,即首先拥有足够用的急需的木材、铁、羊毛、皮革、亚麻和大麻。岛上的木材丰富,足够建房和做柴火之用,不过,我们不应当以为木材丰富,就可让林场主人任意乱砍滥伐。随着岛上人口的增多和土地的开垦愈来愈广,对林地造成的破坏,将用许多年时间才能修复。对此,我们应当从我所见到的一个国家的事例中汲取教训,预先采取适当的措施。瑞士从前到处都是树林;它的树林是如此之多,以致反而使人们感到不利;为了拓展牧场和修建作坊,便毫无计划和毫无节制地砍伐树木。现在,树木浩瀚的林山,几乎全都变成了光秃秃的荒山。幸亏瑞士人从法国的事例中汲取了教训,发现了乱砍滥伐的危害,便赶紧下令制止,试图刹住这股破坏森林之风。然而现在看来,他们采取措施的时间未免太晚了一点,因为,尽管他们采取一些措施,但他们的树林还照样一天天减少,很显然,早晚终有一天会全被砍光的。

只要科西嘉及早采取措施,就不会发生这种危险的情形。政府应当及早制定一项严格管理森林的法规,严格规定砍了多少树木,就必须补种多少树木。在法国,水道和林场的主人拥有砍伐树木的权利;为了牟利,甚至可以把树林砍光;怎么对他们有利,就怎么砍。我们应当及早预见到将来:尽管现在还不是谈论建立舰队的时候，但建立舰队的时刻终将到来，到时候，人们就会感到没有把邻海的那些林场交给外国海军管理，这对科西嘉是多么有利。那些效益不大的老林场，是可以采伐或卖掉的，但正在茁壮成长的树林，则应当保留，它们将来是一定会发挥大作用的。

有人说在科西嘉岛上发现了一处铜矿，这当然好嘛，不过，目前还是铁矿更有价值。在科西嘉岛上一定有铁矿；从山脉的起伏、土壤的性质和科西嘉岬角省及其他几个发现的温泉来看，只要把找矿的工作交给那些有经验的人细心去做，就一定会找到许许多多铁矿的。一旦找到了，就不许可任何人任意胡乱开采，而应当选择离森林与河流最近的地方开采，这样才便利于修建铁厂和修建运输的道路。

对各种各样的作坊都应同样重视，让每一个作坊都制作它最善于制作的东西，以便有利于它们工作的开展和产品的销售。不过，需要注意的是，应当把这类作坊建立在岛上人口最多和土地最富饶的地区。反之，在其他一切条件都相同的情况下，则应把这类作坊建在土地最贫瘠和如果不通过手工制造业的发展便将永远处于荒凉状态的地区。这样做，虽然给食品与其他物品的供应带来困难，但从中得到的好处和避免的坏处，将远远超过这点难处。

人们须知，我们这样做，完全符合我们的大原则，即：不仅要使岛上的人口增加，而且还要使人口尽量平均分布在全岛各地，[1]因

① 这一点，卢梭在《社会契约论》第3卷第13章中早就说过了："让人民均匀地分布在全国各地，让他们在全国各地都能享受同样的权利和富足的生活。这样做，国家就可发展得最强盛并治理得尽可能好。"（卢梭：《社会契约论》，李平沤译，商务印书馆2012年版，第103页）——译者

为,如果荒凉的地区不通过手工制造业的发展就永远人口稀少的话,那是不大利于国家的繁荣昌盛的。

如果过分集中地在富饶地区建立手工作坊,则从事工艺生产的人就必然比从事农业的人获得更多的生活用品和劳动报酬,因而也就必然会使农民和他们的家人不愿再干农活,农村的人口就会不知不觉地减少,最后不得不从外地招人来耕种土地;这样下去,某些地方的居民就会过多,而其他地方的人口就会减少,从而打破人口分布的平衡;这是直接违背我们立国的精神的。

有些人说,由于食品的运费巨大,所以作坊里的食品价格必然上涨,使工人的开销急剧增加,这样一来,工人的生活就接近了农民的生活水平,工人和农民之间就可很好地保持平衡。然而我认为:由于工艺作坊的兴办,岛上流通的金钱必将大量增多,从而出现财富不均的情形,使人与人之间的权势与社会地位愈来愈不平等,何况集中劳动的工人比分散劳动的农民拥有更大的实力,在野心家的操纵下,工人的力量必将胜过农民,所以到头来,人们所说的这种平衡还是只有利于从事工艺制造的工人,而不利于农民。因此,当务之急是:在这一部分占据优势的人必须依靠另一部分人的供给才能生活的情况下,当这两部分人发生分歧时,我们必须运用我们的办法,使农民比工人有更大的发言权,争端的解决,光工人说了不算,还要由农民说了才算。

只要预先采取适当的措施,我们就可毫无顾虑地在科西嘉岛上开办生产有实际用处的工艺制品的作坊。只要对这些作坊加以细心引导,我就不相信不从岛外进口商品,这些作坊就不能满足岛上居民生活必需品的需要;如果非要从岛外进口商品不可的话,那

也只需进口一些非生活必需的零碎物品。对于进口这类零碎物品，政府可以精心安排，允许运一定数量的产品到岛外去销售，以便做到使进口和出口保持平衡。

行文至此，我便向科西嘉人详细阐明了怎样就能在只需有少量商品买卖的情况下过着舒适的独立生活，怎样就能在极少量需要买卖的商品中，大部分可以很容易地通过以物易物的方式获得，并把需要从岛外进口的商品压缩到几乎为零。这样，虽不能做到每个人都绝对不使用金钱，但至少可以把金钱的使用减少到如此之少的程度，以致很难从金钱的使用中玩弄花招，更不可能通过金钱的使用而大发横财，何况即使发了财，也没有多大用处；对有钱的人来说，金钱的用处并不大。

至于公家的钱财，我们应当如何管理？应当把哪些税收拨给政府使用？是让政府随便使用还是应当加以监督？这些问题，现在就让我们来进行研究。

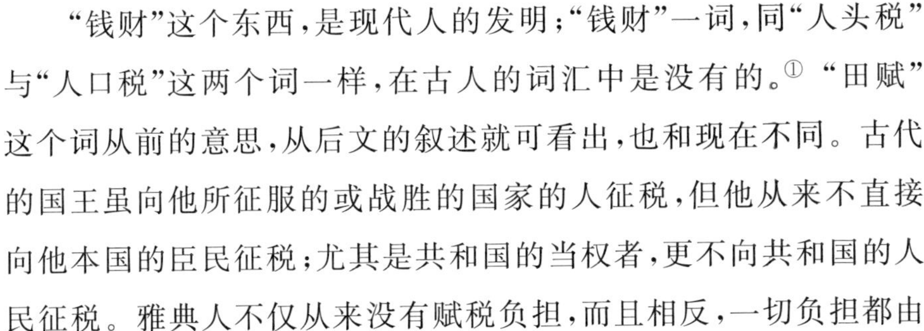

“钱财”这个东西，是现代人的发明；“钱财”一词，同“人头税”与“人口税”这两个词一样，在古人的词汇中是没有的。[①] “田赋”这个词从前的意思，从后文的叙述就可看出，也和现在不同。古代的国王虽向他所征服的或战胜的国家的人征税，但他从来不直接向他本国的臣民征税；尤其是共和国的当权者，更不向共和国的人民征税。雅典人不仅从来没有赋税负担，而且相反，一切负担都由

① “钱财”这个词，是奴隶的用语；在城邦里是没有这个词的。（卢梭：《社会契约论》，李平沤译，商务印书馆 2012 年版，第 105 页）——译者

政府支付。罗马用于战争的费用虽然特别多,但它依然经常把小麦分给它的人民,甚至把土地也分给人民。尽管这样,罗马依然国势强盛,在海上和陆上都保持了一支强大的军队,修造了许多宏伟的建筑;在这些事情上,它花费的金钱之多,堪与众多的现代国家所花的钱的总和相比。它是怎么完成这一伟业的呢?

每一个国家都要经历始建和成长这两个时期。在一个国家的建国之初,除了国有土地的收入以外,便没有其他的收入,好在当初的国有土地是很多的。罗慕洛斯[①]把全国三分之一的土地划作国有土地,把第二个三分之一的土地用来供养教士和做宗教圣事之用,而第三个三分之一,则分给公民;这个数量当然是很少的,但是是免交一切捐税的。有人曾经提议过:如果法国的农民答应把他们耕种的土地限制在全国土地的三分之一,就免他们交人头税、土地税、什一税及其他一切捐税;尽管条件这么好,而法国农民却不原意;这,你相信吗?

国家向国有土地征收的税,不是征收现金,而是征收粮食和其他产品。政府的支出是:它收的是什么,就用什么支付;它供给官员们和军队吃的和穿的,而不用现金给他们发薪水和军饷。在有重大需要的时候,人民的特殊负担也只是服徭役,而不交任何款项。罗马的那些庞大的工程,几乎没有花国家一文钱,全是英勇的军团战士修建的;他们像打仗那样拼命干活,因为他们是公民,而不是游手好闲的懒人。

当罗马人开始强大,成为征服者以后,他们就向被征服的国家

① 罗慕洛斯,传说中的罗马建国的第一位国王。——译者

的人民征收他们的军队所需要的东西；他们向被征服的人民征收现金来给军队发军饷，但从来不向罗马人征收现金。在急需用钱的时候，就由参议院来筹措经费；由它出面贷款，而且到期便准时如数归还。就我所知，在整个共和国存在期间，罗马人就从来没有用金钱交过人头税和土地税。

科西嘉人呀，罗马人的事例是一个多么好的榜样啊！罗马人比其他国家的人都讲求美德，所以他们对金钱不是那么需要，是不足为奇的。国家的收入少，但举办的大事却很多；国家的金库存在在公民们的胳臂上。我敢这么说：从科西嘉的位置和政府的形式看，在世界上是再也找不到比它的花费更少的国家了，因为，作为一个岛国和共和国，它根本就不需要常备军；国家的官员与人民一律平等；他们从人民手中收取的东西，不久以后就会还之于人民。

我在上面叙述了罗马人的做法，但这并不表明我主张科西嘉的行政首脑也这样做。相反，我赞成他们为了推动国家的工作而花许多钱，只不过要慎重考虑花哪些钱才对。我把金钱看作是政治体①身上的脂肪，它将堆积在一条一条的肌肉上，使身体变得很肥胖；这是毫无用处的，因为它只能使体重增加，但不能使身体的力气增加。我希望他们给国家提供有益健康的食物，以增强国家的体质；这种食物能变成身体的经络和肌肉，但不堵塞血管，能给四肢增添力气，但不使它们变得过于粗大；使身体变得很壮实，但不使它变得行动迟缓。

---

① 指国家。——译者

我以上这段话，不仅毫无让国家安于清贫之意；恰恰相反，我希望它富有一切，使每一个人都能根据他的劳动，从公共财产中获得他应当得到的那一份东西。约瑟把埃及人的土地全都收归国王所有的办法，只要他不做得太过分或太少，说不定还是一个好办法。[①] 不过在这里我不细谈这个与我的主题无太大关系的事情，而只着重说明我的意思不是主张绝对消除个人财产，因为这是不可能的；我的意思，只是主张把个人的财产限制到尽可能少的程度；给它规定一个限度和管理的办法，并使它永远从属于公共的财产。[②] 总而言之一句话，我主张国家的财产尽可能多，尽可能居于优势，而个人的财产尽可能少，尽可能处于弱势。我之所以不主张用个人可随意掌管和控制的东西（如可以很容易地藏起来躲过公众检查的金银钱币）作为国家的主要财产，其原因就在于此。

我承认，今天在科西嘉，已不可能像当初的罗马那样容易把土

---

① 关于约瑟把埃及人的土地全都收归国王的故事，见《圣经·创世记》："约瑟为法老买了埃及所有的地。埃及人因被饥荒所迫，各都卖了自己的田地，那地全都归了法老；至于百姓，约瑟叫他们从埃及这边，直到埃及那边，都各归各城，唯有祭司的地，约瑟没有买，因为祭司有从法老所得的常俸，他们吃法老所给的常俸，所以他们不卖自己的地。"（《圣经·创世记》第47章第20至23节）——译者

② 卢梭在《社会契约论》第1卷第9章中详细论述了财产权的政治意义，他说："人们可以想象得到个人所有的一块一块连结在一起的土地是怎样变成公共的土地的，可以想象得到主权权利的行使只要从臣民本身扩展到他们所有的土地，就会变成既是对物的又是对人的权利，从而使土地的占有者陷入更加依附的地位，并使他们的力量本身转变成使他们效忠的保证。"（卢梭：《社会契约论》，李平沤译，商务印书馆2012年版，第27页）在个人的财产权应从属于公共的财产权方面，他指出："每一个个人对他的土地的权利都应从属于共同体对大家的土地的权利。没有这一条，社会联系就不可能巩固，主权的运用就没有真正的力量。"（同上，第28页）——译者

地划归国家所有了，因为岛上的土地已经在它的居民中进行了分配，而当初罗马占有的土地是不属于任何个人的。然而，就我所知，岛上还是有大量未开垦的上好土地，是政府可以加以充分利用的，把它们或者交给那些愿意去开垦和种植的人去无偿地耕种一定的年数，等年数到了，就收归国家所有，或者由每一个乡镇以徭役的形式征用镇上的居民去垦殖。至于采用哪个办法为好和如何利用这些土地，我只有到了现场，才能做出正确的判断；但我毫不怀疑，通过某些交换的方式和不太困难的安排，就可以在每个省甚至在每个县拥有大量的公有土地，而且用不了几年，还可通过我们在后文即将谈到的继承法的程序使之大幅度增加。

另外一个更简便的办法是，按照我在新教徒聚居地区见到的事例做，就可以更可靠地获得数量可观的税金。在新教徒聚居地区进行改革期间，他们从用来供养教士的什一税中提取一部分税金供政府使用，而且这一部分税金后来就成了政府的主要收入。我这段话的意思，并不是说科西嘉人也这样去动用教会的收入；上天为证，我可没有这个意思！我只是认为，只要政府向人民征的税，同教士（他们已经有很丰厚的土地收益了）向人民收的什一税同样多，人民就不会口出怨言。这一部分税金的数目是可以毫无困难和麻烦地计算出来的：只需把教士收的什一税乘以2，然后从总数中提取一半，就行了。

我还有一个最好的和最可靠的增加国家收入的办法；这个办法，我称之为“第三个办法”。这个办法是：直接使用人，而丝毫不触动他们的钱袋，即：用他们的技艺、他们的力气和他们的心来为国家服务；将他们编为民兵来保卫国家，征用他们服徭役，为人民共同的利益兴修公共工程。①

但愿"徭役"这个词不会使共和主义者一听就生气。我知道它在法国是招人厌恨的，但在瑞士也招人厌恨吗？瑞士的道路，都是用徭役的方式征招人民修的，谁也没有说过一句怨言。用金钱来办事，表面上看起来很方便，但只对那些财迷心窍的人有诱惑力。有人曾经说过：在需要和服务之间，中间的媒介愈少，人们便愈不觉得服务是件苦差事：这个话的确是至理名言。

在这里，我没有把话说死，没有说徭役和种种事情全都由公民亲手去做，是一个绝对的好办法。所以，我也赞同：只要花钱雇人去做，能把这些事情做得更好，就花钱雇人去做好了；只要花钱雇人去做，不出现许许多多骇人听闻的弊端，不产生比金钱本身产生的害处更严重的祸患，尤其是在花钱的雇主与被雇者都是同一级的人的时候，不产生这些问题，我也赞成花钱雇人去做这些事情。

赋税的分摊必须做得公平合理。没有土地的人是无法用地里的产品交什一税的，因此应当免他们交，而只要求他们为公众的事情多出劳力，以劳动代替税金；这样，徭役就可大部分由后备生这一级人去承担，只需公民和国民对他们加以指导和示范就行了。人们须知：一切为公众的福祉而做的事情都是光荣的！但愿身居

① 卢梭在《社会契约论》第3卷第15章中指出："在一个真正自由的国家里，公民们做任何事情都是亲手做，没有任何一件事情是需要花钱的；他们不仅不用金钱去免除自己的义务，反而是既花钱又还要亲手去尽自己的义务。我对一般人的看法实在不赞成，不过，我认为劳役比赋税更不违反自由。"（卢梭：《社会契约论》，李平沤译，商务印书馆2012年版，第105页）——译者

要职的科西嘉官员们不但要知道那些为公众劳动的人的地位并不比他们低，而且要像罗马的将军们那样处处以身作则。罗马的将军们处处为士兵做出表率，营中的事情总是第一个带头亲手去做！我愿科西嘉的官员们也这样做。

至于作为国家第四项收入的"罚款"和"将私人财产没收充公"这两项，由于我希望通过我们的办法将它们逐渐减少到零，所以我认为没有必要在这里进行讨论。

有些人认为，以上所说的用实物而不用现金交税的办法，无论是在入库和出库方面还是在保管和使用方面，都很麻烦。人们的这种看法部分是对的。不过，我们在这里探讨的不是政府在税收方面如何做才最方便，而是如何做才最有利于人民；宁可让它多一点麻烦而尽可能少产生弊端。对科西嘉人民或一个共和国来说是最好的办法，对一个王国或一个大国来说，当然就不是最好的办法了。[1] 我所说的这套办法，无论在法国或英国都不可能取得成功，甚至根本就无法实施，可是在瑞士实行起来却极其成功，在瑞士已经实行了好几百年了，而且在瑞士只能实行这套办法，而不能实行其他办法。

每个省都应按地契上记载的土地数字核定每个人应交的税额；纳税人可以用实物交，也可以用现金交。军官和政府机关的官

---

① 卢梭在《社会契约论》第 3 卷第 8 章中指出："人民与政府的距离愈大，则赋税的负担便愈重；在民主制下，人民的负担最轻；在贵族制下，负担就比较大了；而在君主制下，人民的负担是最重的。因此，君主制只适合于富国，贵族制适合于在财富和版图方面都适中的国家，而民主制则适合于又小又穷的国家。"（卢梭：《社会契约论》，李平沤译，商务印书馆 2012 年版，第 88 页）——译者

员大部分都可以用小麦、酒、饲料和木材来交。这种办法，既不给国家增添麻烦，也不给个人带来不便。我发现，唯一对这个办法感到伤脑筋的，是那些以巴结王公贵族和欺凌百姓为能事的人。

极为重要的是，在共和国中，千万不能出现任何一个以经营钱庄为业的人；其中的原因，倒不是因为他们赚的都是黑心钱，而是由于他们为人的原则和事例在人民中间极易扩散。他们以不择手段地大把挣钱为荣，他们百般轻蔑人们大公无私的精神和种种纯朴的良风美俗，其结果，必将败坏人们善良的思想和感情。[①]

切不可为了开辟财源而不惜败坏道德的本原。我们之所以能真正获得人心的拥戴，靠的是后者，而前者只能使我们获得表面的好处，而不能获得人民自觉自愿的服务。国家财政的管理，最好是采取家长治家的办法；[②]宁可少拥有一些东西，也不可妄图发大财，不可像高利贷者那样发黑心财。

让我们对税收的核定加以严格的规定，即使因此而使收入大为减少，也要这样做。不可使征收税金的工作变为一项职业，因为

---

① 从卢梭的这段话中可以看出，他最担心的，不是经营钱庄的人牟取暴利，而是他们的行为将败坏社会的风气和人民的美德；为了防止社会风气的败坏，他认为最好的办法是以公众的舆论来引导，他说："没有必要把一个民族的风尚和他们尊崇的事物加以区别，因为两者都来自同一个本源，因此必然是混在一起的。在世界各国的民族中，决定他们的爱憎的，不是天性，而是舆论；只要善于引导舆论，他们的风尚就会自行纯正。人们总是喜欢美好的事物，或者说，他们总是喜欢他们认为是美好的事物，然而，正是在判断什么是最美好的事物方面，人们的看法往往犯错误，因此对他们的看法需要加以引导。评论风尚的人，首先就要知道怎样行为才是光荣的；在评判什么事情是光荣的时候，就必须以公众的舆论作为他的法则。"（卢梭：《社会契约论》，李平沤译，商务印书馆 2012 年版，第 142 页）——译者

② 指"精打细算，量入为出"。——译者

这样做，同把国家的税收交给包税人去办理，是同样不利的。由经营钱庄的人去主管税收，那真是最糟糕不过了。千万不能在国中出现包税人，千万不可让这种人在国中大行其道。不仅不可使税收工作成为一种有油水可捞的职业，相反，我们应当使它成为一种对年轻的公民进行考察的手段，看他们在担任这项工作期间是否正直和廉洁；我们应当使这段期间成为他们的学艺期，让他们学习如何担任公职，成为他们将来升任官职的第一个阶梯。我之所以有这个想法，是由于我把巴黎税务局和里昂税务局加以比较之后发现：巴黎税务局里的人个个都有侵吞公款和挪用税收的恶行，而里昂税务局的人则堪称举世无双的奉公守法的典范。这种差别是怎样产生的呢？难道里昂人个个都比巴黎人好吗？不是的。这一差别的产生，是由于：在里昂，税收工作是一种为谋求晋升而做的短暂性工作；要想成为商品检查官和税务督办，必须从做好税收工作开始做起。可是在巴黎，税收工作是终身制，不是用来进行考验的工作，而是一项职业，一种为酬谢某些人而委派的差事，甚至可以说是一种依附于其他职业的职业，所以从事这一工作的人，没有一个不尽可能从中捞取最大的好处；有些人公然得到默许，可以从穷人身上勒索钱财来增加收入。

人们不要以为这一工作所要求的经验和才能，青年人是不可能有的。其实，这一工作只需要勤勤恳恳地去做，就能做好的，而青年人便恰恰是勇于任事和爱多干活儿的。他们不像岁数大的人那样贪婪，那样态度生硬；他们既对穷苦的人们有同情心，又对做好这一考验他们人品的工作抱有浓厚的兴趣，所以，工作该怎么做，他们就会怎么做。

每个乡镇的税收员都要向县税务局汇报他们的工作，而每个县的税务局则要向省税务局汇报工作，最后是各省税务局向由若干位国务委员组成的审计署汇报工作，由审计长统一审核。用我们的方法征的税，绝大部分都是粮食和其他产品，全都储存在分布全国各地的小仓库里，至于一小部分现金，则在扣除各地为支付小额用度而留用的钱以后，便通通交给国库保管。

由于每个人都可按他所在的省核定的税率用现金交税，也可以用实物交，所以，即使政府在计算现金和实物之间的比例方面出了差错，也可以及时发现，找出发生差错的原因，加以纠正。

这一点，是我们政府施政的核心问题，是唯一需要花工夫思考、计算和审核的问题。在其他各国，审计署只不过是一个隶属于另一个大单位的小单位；而在科西嘉，我们之所以应当使之成为政务的中心，其原因就在于此；它应当由全国第一流的人才组成，拥有制约其他行政单位财政收支的权力。

如果收的粮食超过了预期的数字，而收的现金没有达到预期的数字，这就是一个信号，表明农业生产和人口是成比例的，而工艺品的生产有所下降；这时候，就应当对工艺品的生产加以扶持，以免已经变得十分独立无羁的工人不再受政府的管理。

不过，这一比例的失调，正是国家兴旺的明确表征，所以用不着担心，而且也容易纠正。反之，如果出现相反的情况的话，那倒不好了，后果就严重了，即使想纠正，也来不及了。因为，如果纳税人都用现金而不用粮食交税，这就明确无误地表明有大量的粮食出口到外国，粮食买卖很容易做，能赚大钱的工艺生产在岛上已很发达，从而损害了农业，其结果是：与农业密切联系在一起的纯朴民风与种种美德已开始败坏。我们找到了产生弊病的病根，就可对症下药；不过，这些药应当怎样用法，那是需要有大智慧才用得恰当的；好在在这个问题上，预先防止祸患的产生，是比事后消除祸患更容易的。

人们须知，如果一个劲儿地对奢侈品猛收税，不许外国商品进口，并关闭各类工艺品作坊，禁止货币流通，其结果，就必然使人民变成懒人、穷人和没有进取心的人，虽使金钱绝迹了，但并不能增加粮食的生产，虽堵住了某些人的发财之路，但不能使从事劳动的工人增加收入。还有，在一个共和国里，任何随意改变钱币价值的做法，都是很不好的，其原因，首先是由于这样做，等于是公民们自己在欺骗自己，对谁都不利；其次是由于钱币的数量和商品的数量之间是有一个决定两者各自的价值的比率的，如果官员想改变钱币的价值，他只需改变钱币的名称就行了，这时候，商品的价值也将按同样的比率改变。而在一个君主制国家里，情况却大不相同，因为，王国的官员们之所以要提高钱币的价值，其目的，是想从他们的债主身上捞取好处，得到实惠；不过，这种做法，一次尚可，若重复为之的话，就必然会因为失去公众的信任，而使他们得到的这点好处化为乌有。

因此，当务之急，是制定限制奢侈的法律；这种法律的实施，应当对国中的上层人士更严格，而对下层人士可放宽一些，使人们知道生活简朴是值得夸耀的，使有钱人知道他们的钱财不会给他们带来光荣。我这番话，并不是做不到的。威尼斯人就是这样做的：他们虽允许威尼斯的贵族们穿用帕多瓦省生产的黑毛呢做的衣服，但威尼斯城中的好公民也同他们一样，有权穿用这种料子做的衣服。

只要崇尚简朴之风一开始盛行，就需要制定“土地法”，因为这时候，那些不知道把其钱财投放何处的富人，就会把他们的钱财用来买田置地，广置田产，而土地法和任何其他法律都没有追溯效力，不能没收他们合法取得的土地，无论他们的土地有多少，都不能按照后来颁布的禁止有那么多土地的法律加以没收。

任何法律都不能强行剥夺个人的任何一部分土地；法律只能限制他拥有更多的土地；如果他违犯法律，他就要受到惩罚，非法获得的土地就会被没收。罗马人在已经不是制定土地法的最好时机之时才发现有必要制定土地法，由于没有认识到我在这里所说的这种区别，所以把本来是为了保护共和国而制定的法律反而变成了一个摧毁共和国的工具。格拉古[①]原本想剥夺贵族们拥有的全部土地，但他最终只能做到限制他们再获取新的土地，而且后来的事实证明，尽管他们制定了土地法，但贵族们还是不顾法律的限制，尽量扩大自己的产业，因为这一坏事的产生，由来已久，等到制定法律想加以消除时，它已根深蒂固，无法铲除了。

“恐惧”和“希望”是两个用来驾驭人的行为的手段；不过，切不可不加区别地使用它们，而应当根据它们的性质来使用。“恐惧”不激励人，而只能约束人。刑法之所以使用这个手段，其目的，不

① 格拉古，古罗马共和国保民官提贝留乌斯·森·格拉古（公元前 162—前 133 年）及其弟凯乌斯·森·格拉古（公元前 154—前 121 年）。兄弟两人在担任保民官期间，曾先后两次进行土地改革尝试，制定土地法，欲没收贵族的土地，分配给农民，然而，正如文中所说的，他们的尝试是在贵族侵占农民土地已成根深蒂固的积习之时进行的，所以，不仅没有成功，兄弟两人先后都遭到了贵族的杀害。——译者

是为了促使人行善事，而是为了防止人做坏事。我们从来没有见过哪一个懒汉因为怕穷就变成了勤劳的人；因此，为了激励人们真正发扬积极劳动的精神，就不应当使人们把劳动看作是避免挨饿的手段，而应当把它看作是走向幸福的途径。现在，让我们总结出这么一条普遍的法则：不做坏事，就不会受惩罚；而一做了坏事，就必定会受处罚。

由此可见，为了振奋一个民族的进取心，就必须向人民展现光辉灿烂的希望和美好的前景，并激励他们积极行动的精神。只要对促使人们积极行动的诸多动机一加研究，我们就可把它们归纳成这么两个："爱炫耀"和"爱虚荣"。我们还可以再进一步归纳，把前者所包含的那些与后者同一性质的内容全都刨去，则最后剩下的，就几乎单单只有"爱虚荣"这一个动机了。很显然，所有那些爱炫耀的人都是爱虚荣和爱出风头的，其目的，是向他人显示而不是为了自己欣赏。真正快乐的人，其面部表情总是平平淡淡的。真正快乐的人喜欢宁静；能领略个中妙趣的人，都是全神贯注地品尝其中的美的；他从不夸口说："我很快乐"。虚荣心是舆论的产物；它来自舆论，以舆论的动向为动向。由此可见，能引导一个国家舆论的人，也能引导该国人民的行动。他将按照他对事物的评价来选择能使人们产生尊重之心的事物；告诉人们应当尊重什么事物，就等于是在指导人们应当做什么事情了。

"虚荣"这个词，在这里用得并不十分恰当，因为它只不过是"自私心"的两个分支之一。我这个话，需要解释一下。对毫无意义的事物给予过高的评价，是产生虚荣心的原因，而对本身是美好和伟大的事物给予过高的评价，则是产生骄傲心的原因，因此，根据人们把人民的舆论引向哪种事物，就可推断出人们将使人民变成骄傲的人，还是使他们成为爱好虚荣的人。

与“虚荣心”相比，“骄傲心”是更接近人的天性的，因为它将使人们向往真正值得尊重的事物，从而使人们自己激励自己。反之，虚荣心所关注的都是一些毫无意义的事物，所以它是一己之私的个人偏见的产物。欲迷惑一个国家的人民的眼睛，是需要花很长的时间的。由于世间再也没有什么事物比民族的独立和强大更美好，所以，开创国基的人民是很骄傲的；从来没有一个新建立的国家的人民是爱好虚荣的，因为“虚荣心”本质上是个别人的，它不可能成为一个用来培养一国人民这么庞大的群体的工具。

有两种其产生的原因正好相反的心理状态，可以使人变成终日懒洋洋地无所事事的样子。这两种状态，一种是对自己拥有的东西感到满足的平静心，另一种是对自己的欲望总感到无法满足的贪婪心。一个心无奢望的人同一个明知自己得不到而还要百般觊觎的人，都同样会表现出懒懒散散和没精打采的样子。只有使人们处于希望得到某物而且有能够得到该物的盼头的状态，人们才会行动。任何一个想使人民积极行动的政府，都应当细心安排，把能诱使他们去获取的东西放在他们有能力达到的地方。政府应当使公民们不仅按政府的估计，而且还要按他们自己的估计感受到，只要勤奋劳动，就可获得许多巨大的好处。只要政府这样做，就准定会使人民成为爱劳动的人。在这些巨大的好处中，最有吸引力的，不仅不是财富，而且，只要人们知道不可能用它去取得你用来引诱他们的东西，财富的吸引力比其他事物都小。

一个人若想满足其欲望（无论是什么样的欲望），最好的办法是使自己成为一个强有力的人。无论一个人或一个民族有什么打算,如果巴不得马上实现的话,他首先就会千方百计地充实自己的力量;如果他是一个心高气傲的人或一个爱虚荣的人,他就会把充实自己的力量作为他奋斗的目标;如果他是一个心怀仇恨的人或一个贪图安逸的人,他就会把充实自己的力量作为一种达到目标的手段。

由此可见,一个国家的政府最高明的施政方略,是把权力集中用在关键的地方,无论是在维护其自身方面还是在推动全国人民朝气蓬勃地生活和热爱劳动方面,它都应当遵循这个原则。

政府权力的运用,有两种方式:一种是由行政部门依法行使,另一种是由富人暗中操纵。凡是在富人占统治地位的国家,金钱的势力和政府的权力通常是分离的,因为获取财富的手段和获取政府权力的手段是不同的,很少有人能够既拥有前者又同时拥有后者。如果政府官员手中的权力只不过是表面的,而实际的权力控制在富人手里,那么,在这样的政府治理下,一切都将以富人的意向为转移,没有一件事情是向政府的目标前进的。

在这种情况下,有贪心的人就会分化:有的想取得政府权力,以便转手倒卖给富人去行使,而自己从中捞取好处,而另外一些人而且是大多数人,则直接搜刮钱财,因为他们知道,只要有了钱,就终有一天会买得官职或买通那些掌握政府权力的人,去获取权力。

在这种状态的国家里,就会出现这样的情形:一方面担任官职和掌握权力将成为几个家族世袭的权利,另一方面获得财富的手段将掌握在少数有靠山或亲友支持的人的手里,有些投机分子便会因此而大发横财,并由此而逐步窃据要津,广大人民就会陷入灰心丧气的境地,这时候,你想使他们从意志消沉的状态中振作起来,便已经不可能了。

书后散记

在富国，政府往往是很软弱的，我把那些懒懒散散和行动迟缓的政府也称为软弱的政府。“软弱”一词，也可用于需要用暴力才能维持的政府。

我只有用迦太基和罗马的例子，才能更好地阐明我这个话的意思。前者大肆屠杀，把它的许多将领、官员和人民都钉死在十字架上，但它的政府是一个软弱的政府，除了用恐吓的手段来维持其存在以外，便别无其他的办法，因此时时都处在摇摇欲坠的境地。反之，后者却不剥夺任何一个人的生命，也不没收任何一个人的财产；被指控的罪犯可以平平安安地离开法庭；一走出法庭，案子也就结束了。这个可钦可敬的政府的威望，不需要用残酷的手段来维持。对罗马人来说，最大的痛苦不是别的，而是不能再作国家的一个成员。

当劳动成为光荣的事情时，人民便会十分勤奋；能否使人民成为勤奋的人民，全看政府如何作为。只要荣誉和地位成为公民有望取得之物，他们就会努力去争取的；反之，如果他们觉得这两者离他们太远，可望而不可即，他们就会裹足不前，一步也不走的。使人民失去勇气的，不是劳动的艰辛，而是劳而无功，白费劲。

也许有人会问我：在耕种土地的劳动中，是否能够获得治理国家所需要的才能。我的回答是:在我们这样一个清廉正直的政府治理下,当然能够获得巨大的才能。巨大的才能是爱国热忱的补充,不过,我们只有在引导一个不爱他们国家和不尊重他们首领的民族的时候,才需要才能,因为,只要我们能使人民热心公众的事务,并力行美德,我们就可以把它们抛到九霄云外,不需要它们了;才能造成的害处,是多于它们造成的好处的。一个政府的最大动力,是对祖国的爱,这种爱是随着对土地的耕耘而与日俱增的。只要有良知,就足以领导一个体制良好的国家。良知既存在在人们的心中,也存在在人们的头脑里;不被自己的欲念冲昏头脑的人,行事总是很端正的。

人天生是好逸恶劳的。对劳动的热爱,是一个秩序良好的社会产生的第一个成果;一个国家的人民之所以陷入懒惰和精神消沉的境地,归根到底,总是由于社会的弊病造成的,因为它不给劳动的人民应得的报酬。

在金钱万能的地方,人们为保持其自由而付出的金钱,将恰恰成为日后奴役他们的工具;他们今天是自己自愿付出的,明天就会被他人强迫付出了。[①]

① 这段话的意思,卢梭在《社会契约论》第3卷第15章中也说过;他说:"一旦为公众服务不再成为公民心目中的主要事情,一旦他们宁肯花钱雇人而不愿自己亲自花力气去服务,则国家便接近于毁灭了。要去打仗吗?他们可以出钱雇兵,而自己待在家里。要去开会吗?他们可以推选议员,而自己待在家里。由于懒惰和金钱的缘故,结果是:他们养兵来奴役祖国,养代表来使祖国大受其害。

由于商业和工艺搅得人心浮躁,由于人们唯利是图、疏懒和贪图安逸,因而使人们的亲手服务变成了用金钱雇人替自己去服务。人们宁肯花钱,为的是使自己能轻轻松松地去挣更多的钱。殊不知花钱的结果是:不久就会使自己受到奴役。'钱财'这个词是奴隶的用语,在城邦里是没有这个词的。"(卢梭:《社会契约论》,李平沤译,商务印书馆2012年版,第105页)——译者凡是在科西嘉岛上出生的孩子，在达到法定的成人年龄时，就都是共和国的公民；每个人都只能以这种方式成为岛上的公民。

因此，城邦的权利不能给予任何一个外国人；不过，可以每五十年破例一次，如果届时有一个外国人经大家公认为是岛上的外国人中最配享有城邦权利的，就把城邦的权利给予他。在接纳他为城邦的成员时，应在岛上举行一次隆重的盛大仪式。

凡年满四十周岁的科西嘉人，如果还没有结婚，或者此前从未结过婚，就将被终身禁享城邦的权利。

每一个改变住址的科西嘉人，在从这个乡镇迁到另一个乡镇之后，将在三年内失去其城邦的权利，直到三年期满后，才允许他交纳一笔税款，成为新迁入的乡镇的居民；如果不办理这个手续，他将继续被禁享城邦的权利，直到他交了这笔税款之后为止。

凡是担任某种公职的人，都不在前边所说的限制之列；他们在任职期间，将享有他们所在的乡镇的种种城邦的权利。

科西嘉人从前是受热那亚人统治的。大家都知道四十多年前是什么样的统治方式迫使他们起来进行反抗的。从那个时候起，科西嘉人就独立了，然而，报馆里的人至今还称他们为反叛分子，我们不知道报馆里的人将继续这样称呼他们到什么时候。现今的这一代科西嘉人没有见过奴隶生活是什么样子；他们很难想象一个生来是自由的人怎么会是一个反叛分子，很难想象一个侥幸成功的篡权者两三年后怎么就会成为一个神圣的国君或一个合法的国王。由此可见，报馆里的人的那种做法，是在鼓吹暴政，是不赞成自由的。我这个看法的本身既是完全合乎道理的，也是得到赞同这个看法的人的称赞的。好在名称并不等于事实。科西嘉人用自己的鲜血重新获得了自由；无论热那亚人和报馆里的人是否还称他们为反叛分子，都无所谓，因为他们已经自由了，而且是当之无愧的自由的人民。

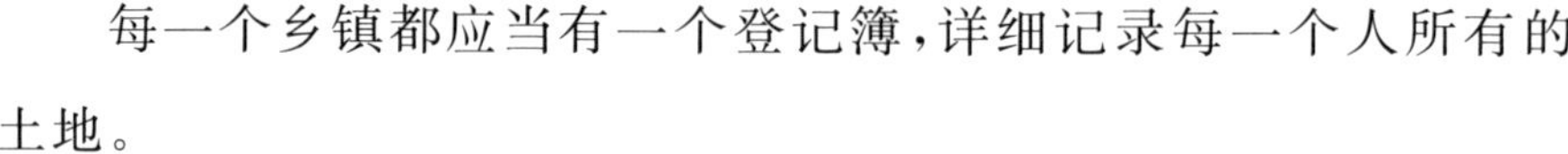

每一个乡镇都应当有一个登记簿，详细记录每一个人所有的土地。

谁也不能在本乡镇之外还拥有土地。

每一个人的土地都不能超过……[1]

拥有这个规定的数量的土地的人，可以通过交换去换取同等数量的土地，但不能换取土质更好的土地而只能换取土质更差的土地；凡是别人赠送给他的土地或遗赠给他的土地，都是无效的。

因为你们治理一个自由的国家的人民为时只有三年，所以你们还需要三年时间实行这样的管理办法。

任何一个未婚的男人都不能立遗嘱；他身后的一切财产都归公有。

① 此处原文为虚点，留待填具体数字之用；这个数字，卢梭认为应在研究了科西嘉各省的土地状况之后才能确定。——译者

科西嘉人啊，请安静，我要以大家的名义发言。不愿听我发言的人，请退出会场；愿听我发言的人，请举手。

在公布本宪法之前，须先郑重宣布：每一个人都必须按照规定的时间回到其居住地；凡违令不回到居住地者，将失去其在原籍即在其祖居之地所享有的权利。

一、全体科西嘉人庄严宣誓结合成一个统一的政治体；组成这个政治体的一切团体和个人从此以后都是此政治体的成员。

二、在宣誓结合成一个政治体之日的当天，岛上的全体科西嘉人都应在所居住的城市和乡镇参加特别隆重的庆祝仪式。

三、在露天广场上把手放在《圣经》上宣读如下誓词：

我谨以全能的上帝和神圣的《福音书》的名义庄严地和决不收回地宣誓：

我决心把我的身家性命和我的意志及一切力量与全体科西嘉人结成一体；我与一切属于我的财产都成为全体科西嘉人财产的一部分。我决心为科西嘉而生，为科西嘉而死，遵守科西嘉的一切法律；在一切依法办理的事情上，我都服从科西嘉合法政府的首领与官员的领导。愿上帝庇佑我，怜悯我的灵魂。自由、正义和科西嘉共和国万岁。阿门。[①]

全体在场的人都高举右手回应“阿门”。

① 阿门，基督教徒在祈祷或其仪式发言后的结束语，意为“心愿如是”。——译者

每个乡镇都应当专门有一个登记簿，准确登记所有参加这一庄严仪式的人的姓名、年龄和住址。

至于那些因有合理的原因而未能参加这一庄严仪式的人，可以另定日期补行此项宣誓，并在宣誓之后，至迟三个月内到主管部门进行登记。过期不履行这一手续的人，将被取消其权利，让他们处于后文即将谈到的外国人或后备生的行列。

当一个国家在其土地能生产尽可能多的产品时，也就是说当它有尽可能多的耕种土地的人时，它的独立能力就处于最强大的状态了。

当一个父亲的孩子超过五个时，人们可以从公有土地中给每一个超生的孩子分一块“补助田”。

凡是其孩子不在身边的父亲，都只能在他的孩子回到身边时，才计入他的孩子的数目。凡离岛整整一年的孩子，即使回到岛上了，也不能把他计算在内。

使科西嘉人多多关注如何尽公民的义务，就可使他们远离迷信；用隆重举办国家节日的办法，并减少他们参加宗教仪式的时间，把节省下来的时间用来举办公众集会，只要稍微做得巧妙一点，就可以在不激怒教士们的情况下，达到我们的目的；此外，还需要想办法让教士们在公众集会中也起一点儿作用，不过，让他们所起的作用应如此之少，以致不会引起人们的注意。

在各种各样的生活方式中，最使人依恋家庭的生活方式是乡村生活。

最高法院的法官有权在他们认为必要的时候召开三级会议；从召开会议之日起，到会议结束之日止，最高行政长官和国务委员的职权便停止行使。

最高法院法官们的人身是神圣不可侵犯的，在岛上，谁也无权逮捕他们。

每一个省的人民都有权暂时停止该省高等法院法官的职务，并派人去代行他们的职权；但是，只要他们没有被明确免职，他们就将终身任职。

三级会议一旦由参议院因特殊的事情召开后，便只有在参议院被解散或最高行政长官被解职的情况下才停止举行。

关于财产继承的法律，应着眼于把事情做得很公平，使每个人都可得到一些东西，但谁也不太多。

凡是离开自己的乡镇到另一个乡镇居住的科西嘉人，将在三年内失去城邦的权利；三年期满后，如果没有人对他提出指摘，便可根据他的申请，将他的名字登记在他迁居的新的乡镇的登记簿上。他原先是什么级的人，就登入什么级：他原先是公民，就登记为公民；他原先是国民，就登记为国民；他原先是后备生，就登记为后备生。

科西嘉人只有在交纳了一笔专门规定的款项之后，才能被允许不随身携带武器。

不允许任何人在岛上乘坐四轮马车；教士和妇女可以乘坐两轮小马车；除残疾人和重病人以外，所有各级的人都只能步行或骑马。

谁也不许在有关其利益的事情上发表什么誓言。但誓言……[1]

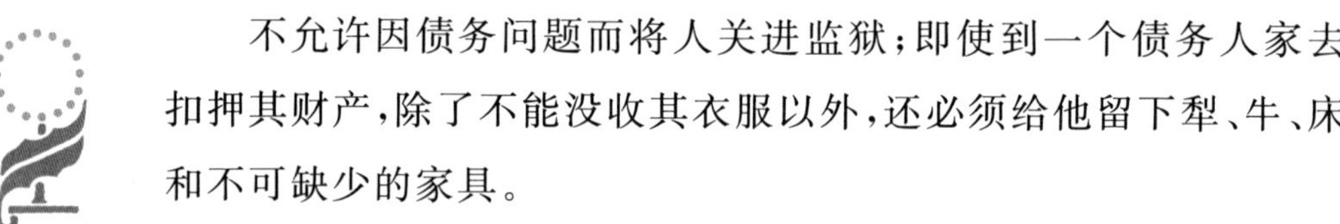

不允许因债务问题而将人关进监狱；即使到一个债务人家去扣押其财产，除了不能没收其衣服以外，还必须给他留下犁、牛、床和不可缺少的家具。

任何一个男人，只要在未满二十周岁以前就结婚，或者在年满三十周岁以后才结婚，或者娶一个年龄不到十五岁的女子，或者娶一个其年龄与自己相差三十岁以上的女子或寡妇，都将被开除出公民这一级；只有公众后来因他为国效力而奖励他，他才能恢复公民的资格。

由于岛上的出产极不均衡，所以不能禁止人们互相往来；在某些事情上应照顾到人的偏见和短视，如果不允许他到邻乡邻县去买他所短缺的食品，他将埋怨我们的法律太严酷和太不近人情，因

① 此处原文脱落数字。——译者

而就会起来反抗或暗中怀恨在心。

如果我们不用金钱也能得到金钱产生的好处，我们就能更好地享受财富的好处了，因为我们这样做，既得到了金钱的好处，又避免了它的弊病给我们带来的害处。

谁也不能靠自己的出身而成为官员，也不能因为自己的出身而成为士兵。所有的科西嘉人都应当做好准备，不挑肥拣瘦地承担祖国分派给他的任务。在岛上，每个人都只能有“公民”这一个身份，而不能有其他的身份，单单这个身份，就包括了其他身份。

只要金钱在科西嘉人看来有用处，他们就会喜欢金钱。只要他们喜欢金钱，共和国政府就会在他们当中寻找内奸或派遣密探去影响他们的言论，从而把国家再次置于旧主子[①]的控制下。

在重获自由之后所表现的那一股激情，虽很强烈，但往往是很短暂的，是不可靠的。群众的那种豪迈表现是一时的冲动，不久之后就会慢慢消失。应当把一个国家的人民的自由建立在他们的生活方式上，而不能建立在他们的激情上，因为激情是转瞬即逝并时时改变它追求的目标的。一个良好的体制的力量，是体制存在它就存在的；任何一个国家的人民都是只有珍爱自由才能长久地享有自由的。

① 指热那亚人。——译者

但愿科西嘉人记住:任何一种特权都是只有利于获得特权的人而不利于国家的。

凡是想使人民永远处于弱势的暴虐的政府,其目的都是想以此手段使自己处于强势,但结果是:这样的政府个个都垮台了;这真是一个令人好笑的矛盾。

这个国家[①]将来不可能出名,但它将来会很幸福。在国外,没有人会谈论它,它在国外没多大的名气,但在国内,它的生活却很富裕,并安享和平与自由。

任何一个欲向法院起诉打官司的科西嘉人,无论他此前曾经拒绝过乡亲们的调解还是已经接受了乡亲们的调解,若拒不把他的案情再次向乡亲们诉说一次,拒不听取乡亲们的意见,就直接到法院起诉,如果他在法院把官司打输了的话,他将受到谴责,而且在五年之内不能担任任何公职。

一个公民的女儿,若嫁给一个科西嘉人(不论是哪一级的科西嘉人),则男方所在的乡镇都将给她一份赠礼;这份赠礼只能是一块土地;如果男方是一个后备生,则凭此土地就可以升入国民级。

在各种形式的政府中,民主制政府是最不大把大把地花钱的;政府出色的政绩表现在人民生活的富裕上,哪里的人民当家做主,

① 指科西嘉。——译者

哪里的政府就不需要凡事铺张，不需要大讲排场。

如果两个或几个国家被同一个国君统治，那是不会在权利和理性上出现冲突的情形的；但是，如果一个国家受另一个国家的统治，那就同政治体的性质不相容了。[①]

尽管我知道科西嘉人有些看法同我的看法是大相径庭的，但我并不打算用任何花言巧语说服他们采纳我的主张。相反，我只想告诉他们我的方案和我的理由是那样的简单，没有任何一点诱使他们误入歧途的意思。我很可能出错，但是，如果他们硬说我的看法同他们的看法是一样的，那我就会很生气了。

科西嘉人为什么会如此意见分歧和争吵不休，甚至大打内战，使自己的国家在那么多年陷入四分五裂的境地，以致不得不先求助于比萨人，然后又求助于热那亚人？这一切，难道不是科西嘉的贵族们造成的吗？难道不是贵族们把人民弄到山穷水尽的地步，使他们宁可过宁静的奴隶生活，也不愿意忍受那么多暴君造成的

① 这段话，旨在阐明政府与主权者的区别。几个国家可以受同一个君主的统治，因为君主只拥有行政权；而一个国家是不能受另一个国家的统治的，因为它不能转让它的主权。关于这一点，请参见《社会契约论》第1卷第7章中的如下一段论述："由于政治体即主权者完全是凭借契约的神圣性而存在的，所以自己便绝对不能做任何有损于这一原始契约的事，即使对外人，也不能做，例如转让自己的某一部分或者受制于另一个主权者。破坏了它赖以存在的契约，就等于是消灭它自己；自己不存在了，那就什么事情也不能做了。"（卢梭：《社会契约论》，李平沤译，商务印书馆2012年版，第22页）——译者

灾祸吗？如今，在摆脱了身上的枷锁之后，难道他们又想回到过去那种只能忍气吞声地受苦的状态吗？

我不向科西嘉人宣讲什么道德，也不强要他们力行美德，但我想使他们处于这样一种状态：他们的行为处处都合乎美德，但又不知道“美德”这个词儿；他们为人很善良和正直，但又不太明白什么叫善良，什么叫正直。

我虽然不知道有些人是怎么搞的，但我十分清楚：凡是有详细记录和有账本可查的经济行为，都是最弄虚作假的行为。

罗马的青年人是这样成长起来的：他们从军队的司务长或军需官做起，然后才当指挥官，像这样的经管财物的人，不是坏人；他们的头脑里压根儿没有贪公家一分钱的念头，军队的钱柜可以放心地交给加图[①]这样的人。

与其用限制奢侈的法律来制止奢侈之风，不如用一种可以使人根本无法奢侈的办法来消除这种风气。

我深深相信，只要细心寻找，是一定会在岛上发现铁矿的；最好是岛上的铁矿多于金矿。

① 指以为人正直和清廉著称的古罗马共和国监察官老加图（公元前234—前149年）。——译者

在心有疑虑的时候，最好是从一个能自然而然地使人想起另一个事物的现象开始去分析产生疑虑的原因，就可找到解决疑虑的办法；如果想再深入一步探索，则从该现象又回过头去观察原先那个事物，就可找到更好的解决办法了。反之，如果从只能使人回想起原先那个事物去探索，其结果，必然是愈探索愈走入死胡同。

有人认为可以[①]“让出身世家的人享有特权”。

我认为，这个意见是违背共和国的精神的。在共和国里，军人应当绝对从属于政府官员。军人应当把自己看作是“法律的使者[②]的使者”。极为重要的是：军人本身不能成为一个社会阶层，而只能是公民中的一分子。如果贵族在军队中享有特权和特殊的地位，则不久以后，军官的人数就会多于文官的人数，共和国的领袖就将被看作是木头人；军人统治的国家不久就会实行专制统治。

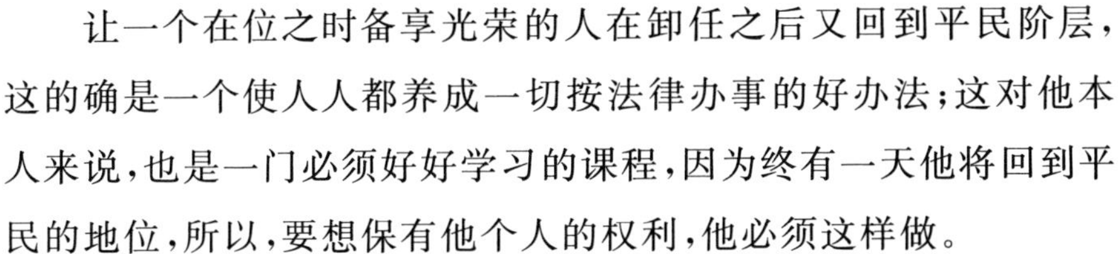

让一个在位之时备享光荣的人在卸任之后又回到平民阶层，这的确是一个使人人都养成一切按法律办事的好办法；这对他本人来说，也是一门必须好好学习的课程，因为终有一天他将回到平民的地位，所以，要想保有他个人的权利，他必须这样做。

举例来说，由于科西嘉岬角省除了酒以外，其他东西都不生

① 指布达富科。布达富科在一份致卢梭的备忘录中提出“让出身世家的人享有特权，”尤其享有在军队中担任要职的特权。卢梭不赞同布达富科的意见，这段书后语就是为批驳布达富科而写的。——译者

② “法律的使者”，指政府官员，尤指法院的法官。——译者

产，因此，就应当劝说其他各省不要生产太多的酒，以免岬角省的酒卖不出去。

由于个人的财力是如此之微弱和如此之有赖于国家的财力，所以政府只需花一点点力气，就可像用一个指头比划比划那样，把人民置于政府的领导之下。

哪个国君会把神学家召集在一起问他们"国王做的事情是不是合法的？"

序言[①]

我对热那亚共和国怀有深深的敬意，尤其对热那亚的每一个主权者[②]怀有深深的敬意，尽管我对他们讲真话的时候，有时候语气有点儿生硬，但老天知道，我这样做，全都是为他们好，但愿别人也敢经常这样对他们说话，而他们有时候也愿意听。

请各位注意：我在这里并未把徭役和其他各种强迫劳动看作是绝对的好事；最好是一切劳动都是听凭个人愿意做才做，而且要有报酬，只要用来支付报酬的办法不带来无穷的弊端，只要不比用来强迫劳动的手段造成更大的痛苦，尤其是在强迫者与被强迫者

① 原文如此，只"序言"二字。——译者

② 指热那亚人民。——译者

属于同一个阶层的人时，不会使人遭到更大的祸害，我也是赞同有偿劳动的。

当岛上只有土地的产物这一种收入时，则岛上便只有土地这一种财产了。

公有财产的真正精神是：个人财产对直系亲属是很有用的，而对旁系亲属便没有多大用处，甚至一点用处也没有。

为了使人们重视粮食而轻金钱，就必须提高粮食的价格。

科西嘉人目前尚处于朴素无华的自然状态，必须花许多心思和想许多办法，才能使他们安于这种状态。因为他们的谬见已经在使他们日益脱离这种状态，他们该有的东西本来已经应有尽有了，但他们却偏偏要去追求那些对他们一点用处也没有的东西。他们的心是好的，但他们错误的看法使他们走入了歧途。由于他们没有觉察到邻国人民的苦难，没有发现自己比邻国人民的处境好，所以他们十分羡慕邻国的浮华，巴不得自己也像邻国那样处处摆阔气，讲排场。

只要一禁止粮食出口，这就斩断了个人大量占有土地的恶根。

可敬的科西嘉人，我不会为你们制定一套由人的头脑凭空想象出来的法律，但我要引导你们按照自然和秩序的法则行事，因为，只有这两者的法则能拨动人的心弦而又不强迫人的意志。

简明年谱

1712 年

6 月 28 日，让-雅克·卢梭诞生于信奉卡尔文教义的日内瓦共和国。

1728 年

3 月 14 日，离开日内瓦，远奔他乡，开始过流浪生活。

4 月 22 日，流落异乡的少年卢梭，为生活所迫，在都灵改宗天主教。

1740—1741 年

在里昂陪审团审判长德·马布里家任家庭教师。

1743 年

7 月 10 日，从巴黎启程去威尼斯，担任法兰西王国驻威尼斯大使馆秘书。在威尼斯期间，发现威尼斯政府“有许多毛病”，遂产生了写一本论述政治制度的书的念头；这个念头后来没有完全实现，只把初稿中“可供采择的部分”抽出来写成一篇“简短的论文”，题名《社会契约论》。

1749 年

10 月，在去巴黎郊外的万森纳监狱探望狄德罗途中，在一棵橡树下休息时，偶然看见《法兰西信使报》上刊登的第戎科学院以

《论科学与艺术的复兴是否有助于使风俗日趋纯朴?》为题的有奖征文竞赛启事;卢梭撰文应征。

1750 年

7 月 9 日,卢梭的参赛论文被第戎科学院评为最佳,获价值 300 利弗尔的金质奖章一枚。

1751 年

年初,卢梭的获奖论文一发表,便轰动了巴黎,并引起了一场持续一年多的大论战,连波兰国王斯坦尼斯拉斯·勒辛斯基也加入了论战的行列。

1752 年

10 月 18 日,卢梭的歌舞剧《乡村巫师》在法王路易十五的离宫枫丹白露演出,大获成功。

1753 年

11 月,第戎科学院在《法兰西信使报》上刊登以《人与人之间的不平等的起因何在? 这个现象是否为自然法所容许?》为题的有奖征文竞赛启事。卢梭将第戎科学院的征文题目改为《论人与人之间不平等的起因与基础》撰文应征。

1754 年

卢梭的这篇应征论文因“宣读起来超过了规定的三刻钟的时间限制”而落选。

6 月 12 日,卢梭在这篇落选论文前边加写了一篇“献词”,把这篇论文献给日内瓦共和国。

6 月下旬,回到阔别 26 年之久的日内瓦。

8 月 1 日,重新皈依其先人信奉的新教。

1755 年

《百科全书》第 5 卷发表卢梭撰写的词条《政治经济学》。

1758 年

7 月，卢梭发表《致达朗贝尔的信》，批驳达朗贝尔在《百科全书》第 7 卷中撰写的词条《日内瓦》。

1760 年

11 月，卢梭的《新爱洛伊丝》在阿姆斯特丹出版发行。

1762 年

4 月，《社会契约论》在阿姆斯特丹出版发行；法国政府禁止书商雷伊将此书运入法国销售。

5 月初，海牙的书商尼奥姆承印的《爱弥儿》问世。

5 月 24 日，里昂的书商布吕瑟承印的《爱弥儿》在法国开始发行。

6 月 1 日，巴黎高等法院下令查禁《爱弥儿》。

6 月 7 日，巴黎索邦神学院发表文告，谴责《爱弥儿》及其作者。

6 月 9 日，巴黎高等法院签发“逮捕令”缉拿卢梭。卢梭得到友人的通风报信后，连夜出逃，离开蒙莫朗西，开始长达 8 年的流亡生活。

6 月 14 日，卢梭逃到伊弗东，住在友人罗甘家。

6 月 19 日，日内瓦政府下令查禁《社会契约论》和《爱弥儿》，并宣布“如果这两本书的作者胆敢来到日内瓦，就立即逮捕。”

7 月 10 日，卢梭被逐出伊弗东，逃到普鲁士国王治下的莫蒂埃村。

8月28日，巴黎大主教博蒙发表"训谕"，抨击《爱弥儿》。

1763年

3月，卢梭发表《致博蒙大主教的信》，驳斥博蒙对《爱弥儿》的批评。

9月，日内瓦总检察长特农香匿名发表《乡间来信》攻击卢梭。

1764年

10月，卢梭针锋相对地发表《山中来信》，反击特农香的《乡间来信》。

1765年

8月，在法国军队中服役的科西嘉籍军官布达富科读到卢梭在《社会契约论》中对科西嘉的称赞，遂写信给逃匿在莫蒂埃的卢梭，请卢梭为科西嘉制订一套政治改革计划；卢梭答应了布达富科的要求，写了一份《科西嘉制宪意见书》。

9月6日深夜，莫蒂埃村民向卢梭的住房投掷石头，驱赶这个在《爱弥儿》中"散布反基督言论的叛教者"。

9月12日，从莫蒂埃村逃到圣皮埃尔岛。

10月29日，被逐出圣皮埃尔岛。

12月16日，潜回巴黎，住在孔迪亲王府，得到亲王的庇护。

1766年

1月4日，在英国哲学家休谟的陪同下，悄悄离开巴黎，先到伦敦，后到伍顿。

1767年

5月21日，离开英国，潜回法国，化名勒鲁，隐居在特里。

1770年

1月，在孔迪亲王的疏通下，巴黎高等法院默许卢梭回到巴黎，但条件是："今后不许再乱写文章发表"。

1778年

5月26日，卢梭接受吉拉尔丹侯爵的邀请，住进侯爵在埃默农维尔山庄旁边的一座小楼里。

7月2日，早餐后突感头部剧烈疼痛，延至上午11时，心脏停止跳动，与世长辞。

1789年

7月14日，巴黎人民攻陷巴士底狱，拉开了法国大革命的帷幕。

1794年

10月9日，根据法国国民公会的决议，将卢梭的遗骸从埃默农维尔湖中的白杨岛上启出，重造新棺，移葬首都供奉不朽的人的殿堂—巴黎先贤祠邦德翁。

1861年

《科西嘉制宪意见书》初版问世。

译　后　记

1993年11月，我从巴黎去法国南边的滨海城市尼斯探望老友勒内·玛蒂尼约尔(René Martignolles)，在他家住了九天。勒内一家待客甚殷，陪我游览了摩纳哥和戛纳及尼斯周边的几个小镇和农村，虽未去离“蓝色海岸”只一百多公里的科西嘉，但拜访了一位迁居尼斯的科西嘉人。这家人的客厅陈设别具一格：没有名人字画，没有古玩和现代艺术品，厅中全是一百多年前科西嘉人用的极其原始的犁、耙、杈等农具。时隔二十年之后的今天，我译卢梭的《科西嘉制宪意见书》，在翻译过程中往往回想起当时这家保留着古朴之风的科西嘉人向我讲述科西嘉岛国风光时的情形，倍感亲切，谨赘数言，对这家科西嘉人待我的盛情，再次表示感谢。

此次译这本《科西嘉制宪意见书》，我采用的是巴黎弗拉玛尼翁出版社1990年出版的本子，在翻译过程中参考了巴黎伽里玛出版社“七星丛书”《卢梭全集》第3卷中的《科西嘉制宪意见书》，并采用了这两本书中有助于阅读《意见书》的一些编者注。此外，远在巴黎的友人洛克桑·阿萨纳女士(Roxane Ah-Sane)对我的工作十分关心，帮我讲解书中的一些疑难，在电话上有时候一讲就是半个多小时，在此全书译事告竣之际，谨志一言，对这位友人表示

感谢。

这本书的篇幅虽不长，但我学力有限，译文的表达不妥之处，敬希广大读者不吝指正。

李平沤

2013年2月

于北京惠新里

图书在版编目(CIP)数据

科西嘉制宪意见书/(法)卢梭著;李平沤译.—北京:商务印书馆,2017
(汉译世界学术名著丛书:120年纪念版:珍藏本)
ISBN 978-7-100-14910-5

Ⅰ.①科… Ⅱ.①卢… ②李… Ⅲ.①宪法—立法—科西嘉 Ⅳ.①D956.51

中国版本图书馆CIP数据核字(2017)第159129号

汉译世界学术名著丛书
(120年纪念版·珍藏本)
科西嘉制宪意见书
〔法〕卢 梭 著
李平沤 译

商 务 印 书 馆 出 版
(北京王府井大街36号 邮政编码100710)
商 务 印 书 馆 发 行
北京市十月印刷有限公司印刷
ISBN 978-7-100-14910-5

2017年12月第1版 开本710×1000 1/16
2017年12月北京第1次印刷 印张5¾
定价:30.00元